新教職論

三訂版

教職課程研究会 編

Teaching Profession

実教出版

はじめに

「新教職論」三訂版で何を学ぶか

　「新教職論」三訂版は，教育職員免許法に基づき教員免許状の取得に必要な「教育の基礎的理解に関する科目」として「教職の意義及び教員の役割・職務内容(チームとしての学校への対応を含む)」の学習内容を踏まえ，かつ今時の学校教育に関わる答申や教育関係法規の改正と学習指導要領の改訂等を踏まえて，内容を見直しその要点を加筆した。

　本書は，教員免許状取得をめざす学生だけではなく，新しく教員になった方々の初任者研修にも役立つようその内容構成に配慮した。

　一般に，「教職」とは，幼児・児童・生徒・学生の教育に関する職業をさすが，本書では，初等中等教育に携わる教員養成に必要な内容を取り上げた。

　本書により，学校の教育活動の目標や内容を学んで，その運営組織や教員の職務内容を理解し，学校で働く教員にはどのような資質や能力が必要であり，どんな責任があるのかを体得し，教員をめざす確固とした信念と力量を身に付けてほしい。

　20世紀後半から学校教育は，社会の急速な進展と大きな変革のうねりの中で，その在り方が問われ，その対応に懸命の努力を重ねてきた。しかし，幼児・児童・生徒たちの発達過程において様々な問題が生じ，非行やいじめ・登校拒否，高等学校中途退学，自殺などの多くの課題を抱えたまま，21世紀を迎え現在に至っている。

　わが国の学校教育は，2002年度から実施された学校完全週5日制のもと，ゆとりの中で特色ある教育活動を展開し，子供たちに自ら学び自ら考える「生きる力」の育成をめざし，新しい取り組みが各学校で続けられている。

　しかし，その後の「ゆとり教育」による学力の低下が指摘され，学力については「ゆとり」か「詰め込み」かの対立を乗り越えて，「基礎的な

知識と技能」,「これらを活用して課題解決するために必要な思考力,判断力,表現力」及び「主体的に学習に取り組む態度」からなる「確かな学力」の育成が求められ,アクティブ・ラーニング(Active Learning：主体的・対話的で深い学び)の導入が期待されている。

現在の学校教育を取り巻く環境は厳しいが,日々子供たちは登校しており,教育活動に直接携わる教員は,悲観的にならず子供たちの将来の飛躍に期待を込めながら子供たちと一緒に歩むことにより,他の職業では得られない教員の喜びを体得することができると信ずる。

21世紀の学校においては,校長を中心としたチーム学校として,教職員一人一人が組織の一員であることを自覚し,地域社会と連携しながら特色ある学校づくりをめざし,活気があり創造性豊かな教育活動を展開することが求められている。

従来から学校は,その使命を果たすために子供たちへの教育は,すべて「自分たちのテリトリー[territory](領域,俗に学級王国など)の中で行う」との考え方が強く,その責任感がややもすると学校の閉鎖性につながってきた。

情報化の進展するこれからの社会では,学校の閉鎖的な教育活動だけではその教育機能を十分発揮できなくなり,家庭や地域社会と連携し,地域の教育力を活用し,学校の教育機能を一層高めることが大切になっている。

特に各学校は,公共図書館やスクールカウンセラー[school counsellor]など各種専門機関や専門職の人々と連携を図り,子供たちの日常的な指導・助言・援助の体制を充実させる必要がある。

そこで,これからの教員に求められることは,このような学校が抱える課題を十分に認識し,チーム学校の一員としての自覚のもと,自らの意識改革や資質向上を図り,課題解決にあたることである。

教員としての力量の向上は,日々の教育実践や教員自身の研鑽により図られるのが基本であるが,教育委員会が主催する初任者研修や現職研修も重要であり,その内容もまとめているので参考にしてほしい。

初任者として学校に着任した場合,教員として最小限必要な資質能力は,学級や教科の担任をしつつ,教科指導,生徒指導等の職務を支

障なく実践できる力量である。

　本書では，そのための内容をできるだけ具体的に取り上げた。

　そこで，教職の意義，教員の役割，職務内容等に関する理解を深め，チーム学校の教員としての責任を自覚し，教職に対する自らの意欲や適性を考察し，教職への一体感の形成に役立ててほしい。

　さらに，教職課程の履修計画の立案にも配慮し，教育実習や教職実践演習の内容とその具体的な対応の仕方について，先輩の体験事例などを提示した。

　教員の任用に関しては，教員採用試験の内容・方法についても叙述し，教職の希望実現に向けた学習計画の立案にも配慮した。

　そして，若い皆さんには，パソコンに代表されるIT[Information Technology]を積極的に教育現場に取り入れ，幼児・児童・生徒の個性を伸長させ，自己実現を図ることができるように指導法の改善に取り組むと同時に，教育業務の効率化に努め，働き方改革の推進に期待する。

　最新の教育情報は，インターネット等の活用により，即座に収集できる。この本の執筆にあたって，文部科学省(http://www.mext.go.jp)や東京都教育委員会(http://www.kyoiku.metro.tokyo.jp)等のホームページから多くの情報を入手することができた。

　皆さんにも，教員採用などの教育情報を各都道府県の教育委員会のホームページから収集し，活用することをお勧めしたい。

　出版にあたり，多大のご尽力を下さった実教出版の出版部の皆さんに謝意を表すものである。

　2018.10

教職課程研究会

目　次

はじめに　「新教職論」三訂版で何を学ぶか　……………………………………2

第1章　学校教育の機能　……………………………………13

第1節　学校教育の目的　……………………………………15

1　学校の種類　……………………………………15

2　学校の設置者　……………………………………16

3　学校の構成要素　……………………………………17

4　学校数・生徒数・教員数　……………………………………17

5　教職員の任命権者　……………………………………18

6　教育行政と学校管理　……………………………………19

7　教育委員会の職務　……………………………………20

8　教育関係法規の体系　……………………………………21

第2節　教職員とその職務　……………………………………23

1　教員と事務職員　……………………………………23

2　校長・教員の職務の概要　……………………………………25

3　事務職員の職務　……………………………………26

第2章　教員の資質と使命　……………………………………27

第1節　教員に求められる資質能力　……………………………………27

1　いつの時代にも求められる「不易」な資質能力　……………………………………27

2　新世紀に教員に求められる資質能力　……………………………………27

3　得意分野をもつ個性豊かな教員　……………………………………29

第2節　望ましい教員像を求めて　……………………………………30

1　教員に必要な心構え　……………………………………31

2　児童・生徒を尊重し公平に接する教員になろう　……………………………………32

3　豊かな専門的指導力を身に付けた教員になろう　……………………………………32

4　地域社会から信頼される教員となろう　……………………………………33

5

5 人権を大切にする教員になろう ……………………………34

第3章 学校の組織と運営 ……………………………35

第1節 学校の運営組織 ……………………………35
1 校務分掌と役割分担 ……………………………37
2 校務分掌上の留意点 ……………………………38

第2節 学校教育目標の設定と教育課程の編成 ……………38
1 学校教育目標の設定 ……………………………38
2 教育課程の編成とその手順 ……………………39
3 教育課程の実施と指導計画 ……………………41
4 学校評議員制度の導入 …………………………42

第3節 「学校管理運営規程」と学校運営 …………………43
1 学校管理運営規程 ………………………………44
2 職員会議の機能 …………………………………48

第4節 校長の職務 …………………………………50
1 校長の職務内容 …………………………………51
2 職務命令 …………………………………………54
3 その他の職務 ……………………………………55

第5節 教頭(副校長)の職務と役割 ………………………55
1 校長補佐の役割 …………………………………56
2 校務整理の役割 …………………………………57
3 児童を教育する役割 ……………………………58
4 校長(副校長)職務の代理・代行の役割 ………58
5 校長(副校長)職務の代決・専決の役割 ………58
6 教頭の資格と任用 ………………………………59

第6節 主任・主幹の職務と役割 …………………………60
1 主任(主幹)の職務 ……………………………60
2 各主任の職務 ……………………………………61
3 主任(主幹)の任命と役割 ……………………63

第4章 教諭の教育活動の実際 ……………………………65

第1節　学級(ホームルーム)担任の職務　………………………65

　1　学級活動の役割　………………………65

　2　学級経営と学級担任の役割　………………………67

　3　特別活動の領域と学級担任の仕事　………………………68

　4　学級(ホームルーム)の年間指導計画　………………………70

　5　学級事務の業務内容　………………………72

第2節　教科指導の課題　………………………72

　1　教科指導のねらい　………………………72

　2　学習指導案の作成　………………………75

　3　教科指導の改善の視点　………………………77

　4　児童・生徒理解に基づく教科指導　………………………79

第3節　道徳の指導　………………………79

　1　道徳教育の内容　………………………80

　2　道徳の指導計画の作成と内容の取り扱い　………………………83

第4節　「総合的な学習の時間」の指導　………………………85

　1　「総合的な学習の時間」の配慮事項　………………………85

　2　「総合的な学習の時間」の授業時数　………………………86

　3　高等学校の「総合的な探究の時間」の取り扱い　………………………86

　4　「総合的な学習(探究)の時間」の評価　………………………87

第5節　生徒理解と生徒指導　………………………88

　1　生徒理解に基づく生徒指導の意義　………………………88

　2　生徒との人間関係づくり　………………………90

　3　叱り方を身に付ける　………………………91

　4　体罰は許されない　………………………92

　5　児童の権利に関する条約　………………………94

第6節　進路指導の意義と役割　………………………95

　1　個性重視の進路指導　………………………97

　2　1989年改訂の学習指導要領と進路指導　………………………98

　3　1999年度改訂学習指導要領と進路指導　………………………99

第7節　校務上の学校文書の取り扱い　………………………100

　1　公文書作成上の配慮事項　………………………100

7

2　文書の作成及び管理にあたっての留意点　……………………101

3　公文書開示と個人情報保護　……………………101

第5章　教員の勤務と服務　……………………103

第1節　学校での勤務　……………………103

1　勤務時間　……………………103

2　一日の勤務　……………………104

3　年次有給休暇と慶弔休暇　……………………104

4　休業日の勤務　……………………105

第2節　教員人事と給与等　……………………105

1　教員選考と条件付採用　……………………106

2　教員の人事考課制度　……………………106

3　異　　動　……………………109

4　教員の給与　……………………109

5　福利厚生　……………………110

第3節　教員の服務規律　……………………110

1　教員は全体の奉仕者　……………………111

2　職務上の義務　……………………111

3　身分上の義務　……………………112

第4節　教職員の身分保障と行政処分　……………………114

1　分限処分　……………………114

2　懲戒処分　……………………115

第6章　教員の研修　……………………116

第1節　研修内容とその体系　……………………116

1　指定研修　……………………117

2　一般研修　……………………117

3　校内研修　……………………118

4　自主研修　……………………118

第2節　研修の服務上の取り扱い　……………………119

1　職務研修　……………………119

2 「職務専念義務」免除の研修 ……………119

第3節 研修体系とその内容 ……………120

  1 初任者の研修内容 ……………120

  2 中堅教員の研修内容 ……………121

  3 管理職の研修内容 ……………121

第4節 免許更新制度 ……………121

第7章 21世紀の教育課題 ……………123

第1節 同和教育への対応 ……………123

第2節 いじめ防止とその課題 ……………124

  1 いじめ防止のための基本的姿勢 ……………125

  2 いじめの早期発見とその対応 ……………126

  3 家庭や地域社会との連携を図る ……………127

第3節 不登校の児童・生徒への対応 ……………128

  1 不登校児童・生徒の推移 ……………128

  2 「適応指導教室」の開設 ……………129

第4節 中途退学防止の課題 ……………129

  1 全国の中退者の状況 ……………129

  2 中途退学の理由 ……………130

  3 中途退学防止の課題 ……………131

第5節 問題行動の防止と出席停止 ……………132

  1 出席停止措置の現状 ……………132

  2 出席停止に頼らない生徒指導 ……………134

第6節 教員の体罰防止の課題 ……………134

  1 体罰は教育を否定する行為 ……………135

  2 児童・生徒の側に立つ教育活動の推進 ……………137

第7節 薬物乱用防止の指導 ……………138

  1 薬物の乱用の弊害 ……………138

  2 薬物乱用防止に関する指導 ……………140

第8節 性教育の課題 ……………141

  1 性教育の重要性 ……………142

2　性教育の進め方　……………………………………142
　第9節　学校教育と生涯学習の関わり　…………………143
　　1　各種審議会答申の経緯　………………………………143
　　2　学校教育と社会教育の連携強化　……………………144
　　3　生涯学習の理念　………………………………………144

第8章　教員への道をめざす　…………………………145
　第1節　教育実習への取り組み　…………………………145
　　1　教育実習の意義　………………………………………146
　　2　教育実習の心得　………………………………………147
　第2節　介護等体験と教員免許取得　……………………149
　第3節　教職実践演習について　…………………………150
　第4節　教員免許状の取得　………………………………151
　第5節　教員採用選考試験　………………………………152
　　1　公立学校教員採用選考試験　…………………………152
　　2　私立学校教員採用試験の概要　………………………157
　　3　教員採用選考試験への対応　…………………………158

第9章　今世紀の学習指導要領の役割と変遷　………159
　第1節　改訂の趣旨と検討の経緯　………………………160
　　1　「21世紀を展望したわが国の教育の在り方」
　　　　（中央教育審議会答申1996年）　…………………160
　　2　中教審第二次答申（1997年6月）　…………………162
　　3　「新しい時代を拓く心を育てる」（中教審答申1998年6月）　……163
　　4　1998〜9年度　改訂の学習指導要領　………………165
　　5　2008〜9年度　改訂の学習指導要領　………………169
　第2節　2016年度改訂の幼小中及び2017年度改訂の高校の学習指導要領に
　　　　ついて　………………………………………………170
　　1　幼稚園教育　…………………………………………171
　　2　小学校教育　…………………………………………171
　　3　中学校教育　…………………………………………172

4　2017年度改訂を踏まえた高等学校教育　………………173

　　5　特別支援学校　………………174

　　6　義務教育学校　………………175

　　7　中高一貫6年制学校（中等教育学校）　………………175

　　8　中学校夜間学級（いわゆる夜間中学）　………………176

　第3節　高等学校教育の現状と課題　………………177

　　1　総合学科高等学校　………………177

　　2　単位制高等学校　………………178

　　3　遠隔教育　………………178

　　4　生徒の多様化への対応　………………179

　　5　社会経済の進展等への対応　………………179

　　6　生涯学習社会への対応　………………179

　　7　少子化による生徒数の減少への対応　………………180

　第4節　特別支援学校の現状と課題　………………180

　　1　特別支援学校の目的　………………180

　　2　交流教育の推進　………………181

　第5節　学習成果の評価の在り方　………………181

　　1　評価の機能　………………182

　　2　評価の基本的な考え方（3観点別評価）　………………184

　　3　指導要録の取り扱い　………………190

　　4　高等学校の指導要録　………………190

　　5　指導要録の様式　………………191

　　6　指導要録の開示の取り扱い　………………192

　　7　全国的な学力調査の実施　………………192

第10章　今世紀の教育変革の視点　………………193

　第1節　最近の教育に関係する動向　………………194

　　1　教育行政の地方分権化　………………194

　　2　教員養成に関する教育職員養成審議会答申（1997年7月）　………195

　　3　民間からの教育改革への提言（1999年7月）　………………196

　　4　新しい変革の方向を見出す視点　………………197

11

第2節　今世紀の教育展望 ……………………………………… 201

 1　教育改革の方向 ……………………………………… 202

 2　人間性豊かな日本人を育成する ……………………… 203

 3　創造性に富む人間を育成 …………………………… 204

 4　新しい時代に新しい学校づくりを ………………… 205

 5　教育振興基本計画の策定 …………………………… 206

 6　新しい時代の教育基本法 …………………………… 207

 7　教育基本法の改正 …………………………………… 208

第3節　わが国の「次世代の学校・地域」創生プラン

   ～学校と地域の一体改革による地域創生～ ……………… 209

 1　趣　　旨 ……………………………………………… 210

 2　次世代の学校創生 …………………………………… 210

 3　次世代の地域創生 …………………………………… 213

参考文献 ……………………………………………………… 216

索　引 ………………………………………………………… 218

第**1**章 学校教育の機能

　人間は，言語や道具を使い，社会的な規範や習慣に従い行動できるが，これは人間が生まれながらに持ち合わせたものでなく，集団社会の中から学習して身に付け，互いに伝えてきたものである。

　つまり，人間にとって学習は基本的で不可欠のものであり，学習なくして人間は「人間」になれない。

　現代社会に至る過程において，その文化が進展し複雑化すると，特権階級などの一部の者に対する教育だけで社会の維持発展は期待できず，すべての国民に対して組織的・専門的に教育する機関としての学校とその指導者としての教師が生まれてきた。

　このように，学校は，教育を組織的・計画的に行うために社会が設立し，維持してきた機関である。

　わが国の近代化は，明治維新により260年間続いてきた徳川幕府の幕藩体制が崩壊し，1868年(明治元年)に近代国家の誕生により始まった。

　しかし明治初期は，藩校の名残りがあり地域バラバラの教育を行っていたが，1871年(明治４年)**廃藩置県**が実施され，明治政府は統一国家としての形態を整え，近代国家の建設には教育が欠かせないとして，文部省を設置し「ムラに不学の戸なく，家に不学の人なからしめん」の宣言を出して，国民皆学を目標に全国的な学校組織を検討し，1872年(明治５年)**学制発布**を行い，近代教育が始まった。当初の修業年限は，下等小学校が６～９歳までの４年間であり，その上に上等小学校10～13歳までの４年間が設けられていた。当時は，庶民は貧しく，学校教育の必要性よりも，子供は貴重な働き手であり，お金を支払った上，学校に強制的に行かせなければならないことが理解できず，地域によっては親たちが，学校を襲って焼き討ちした事例もあったが，1886年(明治19年)に小学校令により尋常科の４年を義務教育とした。

　小学校教育は，こんな苦難を経て始まり，1874年(明治７年)の就学率は約32％で，男女比で見ると男47％，女17％であったが，その後学

13

校教育の必要性が国民に理解されるに伴い，1907年（明治40年）に尋常小学校の義務教育期間が6年となり，就学率も1909年には98％になった。

このように近代日本は，西欧に追いつけ追い越せを目標に，明治・大正時代を経て，1941年（昭和16年）の国民学校令により，名称が国民学校となり，初等科6年と高等科2年の8年が義務化され，1945年（昭和20年）第二次大戦に敗戦し，民主主義国家として歩み出した1年後の1946年まで続いてきた。

1946年（昭和21年）**日本国憲法**[The Constitution of Japan]が公布され，続いて1947年（昭和22年）に教育基本法・学校教育法が施行されるに伴い，現行の6・3・3・4制の新しい学校制度が始まり，新制小学校，新制中学校として，9年間の義務教育制度が始まり今日に至っている。

この間，教師のあるべき姿は，明治から第二次世界大戦の終戦に至るまでは聖職者としての教師像が主流であり，戦後は民主的な教師像や労働者としての教師像が主張されてきた。

その後，1966年，**国際労働機構**[International Labour Organization]と**ユネスコ**[United Nations Educational Scientific and Cultural Organization]が共同で作成した「教員の地位に関する勧告」が出され，医師や弁護士のような専門職としての教師像が求められ，現在では，専門職としての教師像が理想的なものとして一般化してきている。

また社会人から見た教師像については，第二次世界大戦終了前までは，教員養成を目的とした師範学校出身の教師の典型的なタイプを指す「師範タイプ教師」，先生でもなるか，先生しかなれないという「でもしか教師」，職員団体の活動に妙に熱心な「組合型教師」，決められたことだけしかしない「サラリーマン教師」などが話題になってきた。

明治の近代学校の成立以降，教育に対する制度面や量的確保の課題は第二次世界大戦の終戦後は，日本の経済社会の進展に支えられ，学校教育環境も整備され，2008年3月の高等学校の進学率は98％，大学・短大の進学率53％と過去最高となり，専修学校専門課程を含めると高等教育機関への進学者は68％に達している。

しかし社会の急速な進展は，多方面に歪みを生み出し，現代社会が

14　第1章　学校教育の機能

抱える課題は山積している。その課題解決のために，学校教育に対する期待は大きく，21世紀を迎え「不易と流行」を的確に見極めながら，教育に携わる者が率先して教育改革に取り組むことが求められている。

▎ 1.　学校教育の目的 ▎

　教育基本法は，時代の進展や社会の変化に対応すべく，制定以来60年ぶりに2006年12月に改正・施行された。その前文では，「我々日本国民は，たゆまぬ努力によって築いてきた民主的で文化的な国家を更に発展させるとともに，世界の平和と人類の福祉の向上に貢献することを願うものである。我々は，この理想を実現するため，個人の尊厳を重んじ，真理と正義を希求し，公共の精神を尊び，豊かな人間性と創造性を備えた人間の育成を期するとともに，伝統を継承し，新しい文化の創造を目指す教育を推進する。ここに，我々は，日本国憲法の精神にのっとり，我が国の未来を切り拓く教育の基本を確立し，その振興を図るために，この法律を制定する。」としている。(注，下線部は改正部分)

　教育の目的について，第1条で「教育は，人格の完成を目指し，平和的な国家及び社会の形成者として，必要な資質を備えた心身ともに健康な国民の育成を期して行われなければならない。」と定められている。

　この目標の達成のために，第2条も改正され，「学問の自由を尊重し」，次に示す具体的な目標が明示された。「1　幅広い知識と教養を身に付け，真理を求める態度を養い，豊かな情操と道徳心を培うとともに，健やかな身体を養うこと。」(第2～5項は，省略)

　更に，第5条では，普通教育を受けさせる義務を明記し，第6条では法律に定められた学校は，公の性質をもち，国又は地方公共団体の外，法律に定める法人のみが，設置できると規定している。

❶ 学校の種類

　学校の種類，つまり「学校の範囲」について学校教育法第1条で「学

1.　学校教育の目的　　**15**

校とは，幼稚園，小学校，中学校，義務教育学校，高等学校，中等教育学校，特別支援学校，大学及び高等専門学校とする」と規定されている。

　この内，「**中等教育学校**」は，1998年（平成10年）の法改正により新たに設置されたものであり，中学校と高等学校を一体化した6年制の学校である。この学校の特徴は，入学にあたって学力試験は行わず，面接・実技・推薦などにより生徒を受け入れ，ゆとりある教育課程による特色ある教育をめざして設置されたことにある。また，「義務教育学校」は，学校教育制度の多様化及び弾力化を推進する目的で，9年間の小中一貫教育制度が1条学校に追加され2016年度（平成28年度）から実施されている。なお，担当教員は，小中の教員免許状を有する者とされている。

　なお，学校教育法第1条の学校の名称は，他の教育施設では，これらの名称を付けることは禁止されている。

　そこで，上記の学校以外の教育施設としては，学校教育法第124条に「職業若しくは実際生活に必要な能力を育成し，又は教養の向上を図る」ことを目的とした「**専修学校**」が設けられている。

　更に，第134条では「学教教育に類する教育を行うもの」でかつ専修学校以外の教育施設は「**各種学校**」として規定されている。

　学校教育法第1条学校以外の教育施設は，1975年（昭和50年）の法改正までは，すべて各種学校と総称されていたが，その教育機能の高まりを受けて，修業年限が1年以上で，授業時数が年間800時間以上（夜間については修業年限に応じ減じられる）及び教育を受ける者が常時40人以上であり，かつ組織的な教育を行う教育施設として専修学校が設けられた。

❷ 学校の設置者

　学校は，国・地方公共団体及び私立学校法に規定されている学校法人のみが設置することができる。（学校教育法第2条第1項）

　国の設置する学校は国立学校，地方公共団体の設置する学校は公立学校，**学校法人**の設置する学校は私立学校である。

公立学校は，学校教育法において地方公共団体に設置義務を課し，区市町村は，その区域内に住居する学齢児童・生徒を就学させるために必要な小学校及び中学校を設置している。また，都道府県は，心身に障害のある学齢児童・生徒を就学させるため，従来の盲学校，聾学校，養護学校を特別支援学校と統一し設置を義務付けている。公立の高等学校は，都道府県が設置している場合が多い。

❸ 学校の構成要素

学校の構成要素は，児童・生徒，教職員，施設・設備の３要素に大別できる。

学校は，児童・生徒の教育をつかさどる機関であり，その主体はあくまで児童・生徒である。また，学校がその教育機能を最大限発揮できるように，校長は最高責任者として教職員の特質を生かして組織化し，施設・設備を有効活用し，教育効果を上げるよう経営管理にあたっている。なお，学校の組織については，第３章で述べる。

❹ 学校数・生徒数・教員数

わが国の学校教育の現状，初等中等教育の全体像を知るため，学校数，園児・児童・生徒数，教職員数を把握しておくことが大切である。

園児・児童・生徒数は，全体的には減少傾向が続いているが，2008年度(平成20年度)における幼稚園・園児の概数は約１万４千園・170万人，小学校数・児童数は２万３千校・710万人，中学校数・生徒数は１万１千校・360万人，高等学校数・生徒数５千２百校・340万人である。中等教育学校は，37校で１万８千人である。

また，特別支援学校は１千校，児童・生徒数は11万２千人である。

初等中等教育に携わる教員総数は109万人であり，内訳は幼稚園教員11万１千人，小学校教員41万９千人，中学校教員24万９千人，高等学校教員24万人，中等教育学校教員１千４百人，特別支援学校６万９千人である。

次のページに2017年度の学校数，生徒数・教員数を示したので，対比して将来展望に生かしてほしい。

1. 学校教育の目的　**17**

2017年度　初等中等教育機関の学校数，在籍者数，教員数

園・学校種別	設置者別校数				児童生徒数	教員数
	合計	国立	公立	私立	合計(人数)	合計(人数)
幼稚園	10,877	49	3,952	6,876	1,271,931	97,842
幼保連携型認定こども園	3,672	0	552	3,120	50,554	75,577
小学校	20,095	70	19,794	231	6,448,657	418,776
中学校	10,325	71	9,479	775	3,333,317	250,061
義務教育学校	48	2	46	0	22,370	1,799
高等学校	4,907	15	3,571	1,321	3,280,307	233,926
中等教育学校	53	4	31	18	32,618	2,610
特別支援学校	1,135	45	1,076	14	141,945	83,808

（2017年度の学校基本調査より作成）

　今後とも国には，教育改善の一つの取り組みとして，特定教科について学級編成の生徒数の削減や，習熟度別指導やティーム・ティーチングを導入したり，新教科対応の教員の増員計画等に期待したい。

❺ 教職員の任命権者

　公立学校の教職員である，校長，教頭，教諭，事務職員などの任命権は，当該学校を設置する教育委員会[Board of Education]にある。

　公立高等学校の教職員については，各都道府県の教育委員会が任命権者であり，県費負担教職員(小・中学校の教職員)についても，各都道府県及び政令指定都市の教育委員会が任命権者となっている。

　教職員の服務の監督権者は，各教職員の身分が属する教育委員会にあり(地方教育行政の組織及び運営に関する法律第21条第3項)，都道府県立学校の教職員の服務監督権者は都道府県教育委員会であり，市町村立学校の教職員の服務監督権者は市町村教育委員会にある。

　ただし，区市町村教育委員会は，県費負担教職員の服務を監督するとともに，都道府県教育委員会の任命権の行使の際に内申を行うなどの機能を果たしている。

また，教育職員の採用にあたっては，教員の場合は教育委員会が選考試験を実施し，事務職員の場合は人事委員会の行う一般公務員試験に基づいて教育委員会が採用している。

また，学校教育法第37条により，学校においては，校長は他の教職員の服務監督権者であり，副校長・教頭は校長を除く教員の服務監督権者である。

❻ 教育行政と学校管理

教育行政[educational administration]は，国及び地方公共団体が法の定めに従って，教育施策を通じ，秩序の維持や国民生活の向上等の目的を実現しようとするものであり，国レベルは文部科学省，地方レベルは教育委員会が管轄している。（2001年1月より文部省は文部科学省に改組）

文部科学省は，国家行政組織法によって設置され，学校教育だけでなく，社会教育，学術及び文化の振興及び科学技術振興普及を図ることなどを任務とし，これらの事項及び宗教に関する国の行政事務を一体的に遂行する行政機関であり，各省設置法及び各省組織令によりその業務等の内容が決められている。

教育委員会は，地方教育行政の組織及び運営に関する法律（地教行法）により，設置及び組織・機能及び職務権限等が定められている。

教育委員会が所管する教育機関は，学校だけでなく，図書館，博物館，公民館などがあり文化財の保護に関すること，ユネスコ活動に関することなど多岐にわたる活動を行っている。

文部科学省と地方教育行政との関係は，国の機関委任事務以外の事務については，文部科学省の指揮監督権はなく，一般的には地方教育行政に関与しない。

しかし，地教行法第48条では，文部科学大臣と教育委員会相互間の関係を規定し，文部科学大臣は都道府県又は市町村に対し，必要な指導，助言又は援助を行うとしている。

1. 学校教育の目的　**19**

❼ 教育委員会の職務

　教育委員会は，その所属する地方公共団体の長が議会の同意を得て任命する5名（必要なら6名でもよい）の委員で構成され（町村の教育委員会は3名），代表する委員長を選出し，運営にあたっている。

　都道府県の教育委員会は，日常の教育行政を執行するための事務局として，教育庁等が置かれている。その長である教育長は，文部科学大臣の承認を得て任命されていたが，2000年4月からは地方分権化の一環としてその必要がなくなった。

　教育委員会は，法令又は条例に違反しない限度において，その所管する学校その他の教育機関の施設，設備，組織編制，教育課程，教材の取り扱い，人事，研修，広報，調査等について，管理運営に関する規則等を定め，学校等の教育機関の円滑な運営が図れるように努めている。また，学校等の教育機関の職員の任命は，教育長の推薦により，教育委員会が任命している。

(1) 指導主事の職務

　教育委員会の事務局である教育庁には，指導主事，事務職員等が置かれている。指導主事は，上司である教育長の命を受け，学校における教育課程，学習指導その他学校教育に関する専門的事項の指導・助言に関する事務に従事する。

　そのため指導主事には，教育に関し識見を有し，かつ，学校における教育課程，学習指導等学校教育に関する専門的事項について教養と経験がある者が採用されている。

(2) 学校の管理運営規則

　各教育委員会は，地教行法第33条の規定に基づき，学校の管理運営に関し規定している。例えば，東京都公立学校の管理運営に関する規則では，学期の区分，休業日，校長の職務，主任の職務，事務職員の職務，教育課程の編成基準とその届け出，宿泊を伴う学校行事の届け出，教科書以外の図書その他の教材の承認又は届け出，指導要録・出席簿・卒業証書の様式，生徒の懲戒等について規定している。

　そこで，教職員は，この規則はもとより，その他の法令等の定めるところに従って，適正にして円滑な学校管理運営に努める必要がある。

20　　第1章　学校教育の機能

❽ 教育関係法規の体系

日本は法治国家であり，日本国憲法を最高の法として，すべての教育関係法規[education regulations]もこれに基づいて体系化されている。

国の法規としては，憲法[constitution]に基づき，法律[law]・条約[agreement]がある。その法規に基づき，政令[government ordinance]，規則[rule]があり，政令に基づき，省令[ministerial ordinance]がある。

その省令に基づき，訓令・通達・告示[notification]がある。

地方公共団体の法規としては，条例とそれに基づく規則がある。

例えば，学校教育法の関連規定には，学校教育法施行令（政令），学校教育法施行規則（省令），学校教育法施行細則（教育委員会規則）などがある。

(1) 日本国憲法

わが国の最高法であり，その第26条では，「すべて国民は，法律の定めるところにより，その能力に応じて，ひとしく教育を受ける権利を有する」と，同条第2項で「すべて国民は，法律に定めるところにより，その保護する子女に普通教育を受けさせる義務を負ふ。義務教育は，これを無償とする」と規定されている。

(2) 法 律

法律とは，憲法の定めに従って，国会の決議によって成立するもので，「教育基本法」「学校教育法」「教育公務員特例法」「地方公務員法」「地方教育行政の組織及び運営に関する法律」等があるが，この他にも法律として制定された教育関係法は多数ある。

(3) 条 約

国と国際機関や国と国との間で，合意して成文化し，批准公布されたもので，法律と同じ効力をもつ。憲章，宣言等がこれにあたる。

結社の自由及び団結権の保護に関する条約（ILO87号条約），国際連合教育科学文化機関憲章（ユネスコ憲章），世界人権宣言，児童の権利条約などがある。

1) **ILO**[International Labour Organization]は，国際連合に属する専門機関であり，労働条件や社会保障について各国政府に勧告する国際労働機構である。

2) **UNESCO**[ユネスコ United Nations Educational Scientific and Cultural Organization]は，その憲章の前文で述べられているように，「戦争は人の心の中で生まれるものであるから，人の心の中に平和のとりでを築かなければならない。(中略)当事国は，世界の諸人民の教育，科学及び文化上の関係を通じて，(中略)国際平和と人類の共通福祉という目的を促進する」ために創設された機関である。国内では，「ユネスコ活動に関する法律」が設定されており，これに基づいて活動が行われている。

3) **世界人権宣言**[Universal Declaration of Human Rights]は，1948年，国際連合第3回総会で決議され，各国の基本的人権及び基本的自由の普遍的な尊重及び遵守等の促進を目的としている。

4) **児童の権利に関する条約**[Convention on the Rights of the Child]は，世界の多くの児童(18歳未満の者と定義されている)が，今日なお貧困と飢餓などの困難な状況に置かれていることにかんがみ，世界的な視野から児童の人権の尊重，保護の促進をめざした条約である。日本も批准し，1994年5月16日に公布された。

(4) 政令及び規則

行政機関である内閣が制定するもので，学校教育法施行令はこれにあたる。

政令は，法の規定を実施するために制定されたもので，学校教育法施行令には，学校教育法の第18条を受けて，学齢簿の編製，小・中学校の入学期日等の通知・学校の指定等の規定や同法の第4条を受けた認可・届け出等の規定がある。

規則は，各庁の長官や各委員会から発せられるもので，人事委員会規則等がこれにあたる。

(5) 省　令

各省が法律や政令を施行するために制定するもので，学校教育法に関しては，学校教育法施行規則がこれにあたる。学校教育法施行規則には，設置・廃止，校長及び副校長・教頭の資格，管理等の規定や校種別の学級編制・校務分掌・教育課程の編成等について詳細な規定がなされている。

(6) 告 示

告示は，各大臣，各委員会及び各庁の長官により発せられるもので，法規命令の性格をもつ。学習指導要領はこれにあたり，告示される。

(7) 地方公共団体の法令

1) 条 例

各都道府県や区市町村は，法に基づき，その所掌事務に関する条例を議会で制定することができる。学校の設置や学校職員の定数・給与・勤務時間・休日・休暇等は，条例で決められている。

2) 規 則

地方公共団体の長が，法令に基づいてその権限の事務に関して定めるものである。条例を施行するための規則で，勤務時間等に関する条例，施行規則等がある。

3) 教育委員会規則

地方公共団体の行政委員会は規則を制定できる。教育委員会は，地教行法第14条の規定に従ってこの規則を制定している。

学校教育法施行細則や公立学校の管理運営に関する規則等がこれにあたり，学校運営のための詳細な規程を定めている。例えば東京都の場合，都立高等学校設置条例により，各学校の名称及び位置が決められ，この条例の施行に必要な事項は，教育委員会規則で定めている。

■ 2. 教職員とその職務 ■

❶ 教員と事務職員

学校には，教育活動を円滑に効果的に行うために，多様な職員が置かれ，校務を分担している。

学校教育法では，小学校には校長，教頭，教諭，養護教諭，事務職員を置く。更に副校長，主幹教諭，指導教諭，栄養教諭その他必要な職員を置くと規定し(学校教育法第37条)，高等学校ではこの他に実習助手，技術職員の配置も認められている(同第60条)。

これらの教職員の数は，小・中学校，高等学校等の学校種別や学校規模や普通高等学校，専門高等学校，養護学校などの種別により，国

の定数法に基づいて，各地方公共団体の条例によって配置されている。つまり学校は，校長，教諭などの教育指導に直接あたる教員（教育職員）及び学校の施設・設備の管理や予算の執行事務にあたる事務長（事務室長）を長とする行政系の事務職員で構成されている。

教員は，学校の教師に関して用いられる法律用語であり，児童・生徒の教育に従事する教育職員をいう。

具体的には，教育公務員特例法第2条第2項で，教員について「教授，准教授，助教，副校長，教頭，主幹教諭，指導教諭，教諭，助教諭，養護教諭，養護助教諭，栄養教諭（中略）及び講師」と規定している。

なお，学校教育法第7条で「学校には，校長及び相当数の教員を置かなければならない」とされ，校長（園長）は教員には含まれていない。

本書では，教員を主に使うが，社会一般では，便宜上校長を含めて教員と使っている場合も多い。

幼稚園から高等学校までの教員になるには，教育職員免許法の定める各教科に関する教員免許状を取得しなければならない。

事務系の職員は，通常，小・中学校では1名ないし数名であるが，特別支援学校や高等学校では規模によっても異なるが，事務長以下10名程度の職員が配置されている。

その中には，図書館業務に従事する司書，給食に携わる栄養士や給食調理員，施設の維持・補修等に従事する用務主事なども含まれる。学校の教育活動が，組織としての機能を発揮するには，教員と事務職員との協力連携が欠かせない。お互いに，仕事の内容が異なるため，意見の食い違いを起こすこともあるが，子供たちのことを，最優先する視点で，協力し合うことが大切である。

また最近では，都道府県により異なるが，定年退職した教職員の中から希望する適任者を「嘱託員」として採用し，1年契約で5年程度の間，各学校に配置している事例もある。

他に，健康の管理や保持増進の目的で，学校医・学校歯科医・学校薬剤師が置かれ，定期検診などが行われている（学校保健法第13条）。

このように学校は，教育指導にあたる教員だけでなく，陰で教育指導を支えている多くの職員の協力により運営されている。

❷ 校長・教員の職務の概要

ここでは，児童・生徒の教育に直接携わっている，管理職である校長，副校長，教頭及び直接教科指導にあたる教諭について述べる。

校長の職務は，「校務をつかさどり，所属職員を監督する」（学校教育法第37条第4項）と規定され，学校の最高責任者として，職員に対する人的管理，施設・設備に対する物的管理及び教育課程等に対する運営管理，学校事務管理など，すべての校務遂行に責任を負っている。

副校長の職務は，「校長を助け，命を受けて校務をつかさどる。」（同法第37条第5，6項）

教頭の職務は，「校長（及び副校長）を助け，校務を整理し，及び必要に応じ児童・生徒の教育をつかさどる。」また，「校長に事故があるときは校長の職務を代理し，校長（及び副校長）が欠けたときは校長の職務を行う」（同法第37条第7，8項）と規定され，校長・副校長に次ぐ管理者として連絡調整会議や主幹教諭や指導教諭，各種主任を指導助言しながらすべての校務を遂行する責任がある。

教頭の職務には法文上では「必要に応じ児童・生徒の教育をつかさどる」と規定されているが，教頭の仕事量は多く，児童・生徒の授業を担当することは困難であり，教頭には授業を担当させない配慮がなされている。

教諭の職務については，「児童・生徒の教育をつかさどる」（同法第37条第11項）と規定されている。

教諭としては，児童・生徒の教育活動に関わるすべての職務を遂行する必要がある。

この規定は教諭の主たる職務を示したものである。したがって，児童・生徒に対する教育活動以外の業務は教諭の職務に属しないと考えてはならない。

つまり，学校での教育活動に関わるすべての業務をつかさどるのであり，例えば直接的・間接的に教育活動を支える，施設・設備の維持や管理やその運営も，教諭の職務の一部として行う責任がある。

教員の職務については，いうまでもなく教科指導[subject guidance]がその中心となる。

2. 教職員とその職務　　25

しかし日常的に教員が行っている仕事は，教科指導だけでなく多様であり，これとこれであるといった仕事の内容を明確に規定することは困難である。つまり，教員の教育活動は，対象とする児童・生徒や学校や地域によっても異なるので，そのため仕事内容は多様となることを理解しておきたい。ここでは，一般的な教諭の職務を概括してみる。

(1) 教科指導のための仕事

各教科指導に必要な準備及び整理の仕事には，次のようなものがある。

教材の研究，実態の把握，指導法の研究，指導教材の作成，教材・教具の準備，評価法の準備・実施，校内及び他機関での教科研修

(2) 教科外指導 [work outside subject] の仕事

学級事務，所属分掌事務，部活動や委員会の指導業務，教室等の施設設備や環境の整備，家庭との連携，地域社会との連携，PTAや同窓会の業務など

❸ 事務職員の職務

学校に勤務する事務職員は，一般的には小・中学校の場合，区市町村の行政職員であり，高等学校の場合は，都道府県の行政系の職員である。

学校での事務系の職務は，新入生の入学事務から，教室やグラウンドの維持管理，授業料の徴収に関する事務，機器備品の購入に関する契約や予算執行の事務，外部機関との通知や書類の受け取りや発信の事務，卒業や成績の証明書の発行事務など，挙げればきりがない。

事務系職員は，事務長あるいは事務室長の管理のもと，庶務，経理，施設などの係を置いて，業務を行っている。

事務長及び事務室長は，「校長の命を受けて」事務を統括処理するが，東京都の事務室長は行政系の管理職なので，事務系職員を指揮監督する責任がある。

事務職員は，過去は学校担当として一生学校職場の勤務を続ける人が多かったが，最近は本庁と学校との人事交流も盛んになり，学校運営にも行政のセンスが取り入れられるなど，良い面が出てきている。

26　第1章　学校教育の機能

第**2**章 教員の資質と使命

▎1. 教員に求められる資質能力 ▎

　教員に求められる資質能力は，教員である以上いつの時代にあっても一般的に求められる「**不易**」な資質能力と，このような一般的資質能力を前提としつつも，現代社会の状況や学校・教員を巡る諸問題を踏まえ，変化に適切に対応する「**流行**」に属する資質能力がある。

❶ いつの時代にも求められる「不易」な資質能力

　このことについて**教育職員養成審議会**(1987年12月)の答申では，「学校教育の直接の担い手である教員の活動は，人間の心身の発達にかかわるものであり，幼児・児童・生徒の人格形成に大きな影響を及ぼすものである。このような専門職としての教員の職責にかんがみ，教員については，教育者としての使命感，人間の成長・発達についての深い理解，幼児・児童・生徒に対する教育的愛情，教科等に関する専門的知識，広く豊かな教養，そしてこれらを基盤とした実践的指導力が必要である」と指摘している。

　つまり，教員の資質能力とは，教育職員養成審議会一次答申(1997年7月)では，「「専門的職業である『教職』に対する愛着，誇り，一体感に支えられた知識,技能等の総体」といった意味内容を有するもので，「素質」とは区別され後天的に形成可能なもの」と指摘している。

❷ 新世紀に教員に求められる資質能力

　これからの教員には，変化の激しい新時代にあって，子供たちに「生きる力」をはぐくむことが求められている。

　すなわち，未来に生きる子供たちを育てる教員には，まず，地球や人類の在り方を自ら考えるとともに，培った幅広い視野を教育活動に

1. 教員に求められる資質能力　**27**

積極的に生かすことが求められる。

更に，教員という職業自体が社会的に特に高い人格・識見を求められることから，教員は変化の時代を生きる社会人に必要な資質能力をも十分に兼ね備えていなければならない。

「今後，特に教員に求められる**具体的資質能力**」について，教育職員養成審議会答申(1997年)では，次のような例が示されている。

(1) 地球的視野に立って行動するための資質能力

1) 地球，国家，人間等に関する適切な理解

例：地球観，国家観，人間観，個人と地球や国家の関係についての適切な理解，社会・集団における規範意識

2) 豊かな人間性

例：人間尊重・人権尊重の精神，男女平等の精神，思いやりの心，ボランティア精神

3) 国際社会で必要とされる基本的資質能力

例：考え方や立場の相違を受容し多様な価値観を尊重する態度，国際社会に貢献する態度，自国や地域の歴史・文化を理解し尊重する態度

(2) 変化の時代を生きる社会人に求められる資質能力

1) 課題解決能力等に関わるもの

例：個性，感性，創造力，応用力，論理的思考力，課題解決能力，継続的な自己教育力

2) 人間関係に関わるもの

例：社会性，対人関係能力，コミュニケーション能力[communications ability]，ネットワーキング能力[net working ability]

3) 社会の変化に適応するための知識及び技能

例：自己表現能力(外国語のコミュニケーション能力を含む)，メディア・リテラシー[media literacy]，基礎的なコンピュータ活用能力

(3) 教員の職務から必然的に求められる資質能力

1) 幼児・児童・生徒や教育の在り方に関する適切な理解

例：幼児・児童・生徒観，教育観(国家における教育の役割につい

ての理解を含む。）

2) 教職に対する愛着，誇り，一体感

例：教職に対する情熱・使命感，子供に対する責任感や興味・関心

3) 教科指導，生徒指導等のための知識，技能及び態度

例：教職の意義や教員の役割に関する正確な知識，子供の個性や課題解決能力を生かす能力，子供を思いやり感情移入できること，カウンセリング・マインド[counseling mind]，困難な事態をうまく処理できる能力，地域・家庭との円滑な関係を構築できる能力

❸ 得意分野をもつ個性豊かな教員

　教員には上記のような多様な資質能力が求められているので，教員一人一人はこれらについて最小限必要な知識，技能等を備えることが不可欠である。しかし，すべての教員が一律にこれら多様な資質能力を高度に身に付けることは容易なことではない。

　むしろ学校では，多様な資質能力をもつ個性豊かな人材が組織の中で生かされることにより，充実した教育活動が展開されるのである。

　また，いじめや登校拒否の問題をはじめとする現在の学校を取り巻く問題の複雑さ・困難さの中では，学校と家庭や地域社会との協力，教員とそれ以外の専門家（学校医，スクール・カウンセラー[school counsellor]等）との連携・協働が一層重要なものとなることから，専門家による日常的な指導・助言・援助の体制整備や学校と専門機関との連携の確保などを今後更に積極的に進める必要がある。

　更に，教員一人一人の資質能力は決して固定的なものでなく，変化し，成長が可能なものであり，それぞれの職能，専門分野，能力・適性，興味・関心等に応じ，生涯にわたりその向上が図られる必要がある。

　教員としての力量の向上は，日々の教育実践や教員自身の研修により図られるのが基本であるが，任命権者等が行う研修もまた重要である。

　そこで，初任者研修だけでなく，現職研修を含めた教員としての生

1. 教員に求められる資質能力　　29

涯研修の体系化が必要であり，教員が学校を離れて大学や研究機関に長期間派遣され研修できる制度を充実し，すべての教員にその機会が与えられることが望まれる。

教員の資質能力を考える場合，画一的な教員像を求めるのでなく，生涯にわたり資質能力の向上を図るという前提に立って，全教員に共通に求められる基礎的・基本的な資質能力を確保するとともに，更に積極的に各人の得意分野づくりや個性の伸長を図る研修の場を設けることが重要である。

それぞれの教員が個性豊かな人材に成長することにより，学校に活力をもたらし，学校の教育力を一層高めることになる。

▌ 2. 望ましい教員像を求めて ▌

教育のすばらしさは，人間を対象にしているところであり，教育は常に教員と児童・生徒との「心の触れ合い」をもとに営まれる行為である。

この「心の触れ合い」は「信頼」の上に生まれ，この信頼関係は，教員と児童・生徒の日常的な関わり合いにより一層深まり，日頃の教科指導の場面はもとよりあらゆる教育活動の場面に有効に作用し，一人一人の児童・生徒が学校生活の中で成就感を達成する基盤となる。

教員は，教育活動のあらゆる場面で，児童・生徒の成長に目をみはり，嬉しくなる時も多いが，逆に信頼を裏切られたと感じることもある。

教員の真価は，この裏切られたと思う場面での対応にかかっており，その基本は生徒をどこまでも信頼し続ける教員の忍耐と姿勢にある。

一人の教員として，熱心であればあるほど，子供を良くしたいとの一念で，せっかちになったり，指導を焦ったり，結果を求めすぎたりして，かえって子供との信頼の絆を失うことがある。

特に，反抗する児童・生徒に対応するときには，指導を焦らず，時間を掛けたり，相手の立場になって理解する姿勢が大切である。

つまり教員は，心は通じ合いながらも，冷静に立場をわきまえ，い

つでも子供を許せる余裕と愛情を持ち合わせていることが不可欠である。

しかし，教員は誰でも指導の限界に突きあたったり挫折感に打ちひしがれたりすることもある。そんな時には，一人で悩んだりしないで，多くの同僚や先輩に気軽に相談できるように，日頃から人間関係づくりに努める必要がある。

身近に相談ができる人がいない場合は，一人で悩んでいないで，各都道府県の教育委員会の中に，個人の秘密を守りながら教職員の健康や指導に関する相談に応じてくれる機関があるので，活用するとよい。

教員になったからには，苦難を飛躍の「バネ」と受け止め，一生続けるという情熱をもち続け，常に自己を見失うことなく，職務にあくまでも責任をもつ態度を貫き，一人一人の児童・生徒の幸せとその保護者の期待に応えられるように努力してほしい。

❶ 教員に必要な心構え

教員は，「自己の崇高な使命を深く自覚し，絶えず研究と修養に励み，その職責の遂行に努めなければならない」と教育基本法第9条に規定されている。そこで，児童・生徒を指導し，その発達を支援し，有為な人格形成に全力であたることが，教員に求められている。

しかし教育の成果は，何十年という長いスパンで評価すべきであり，子供たちの将来の成長を願いながら根気強く指導をする忍耐力が教員には必要となる。つまり，知識の詰め込みや偏差値アップなど，目先の成果にとらわれるようなことがあってはならない。

特に変化の激しい現代社会では，知識や技能のライフサイクルは驚くほど短縮され，学習の場も生涯学習社会の到来により，学校や教員の役割は大きく変化している。

その社会の変化に柔軟に対応するには，新しい発想で学校教育に取り組んでいく創造性豊かな資質が，特にこれからの教員には求められる。

❷ 児童・生徒を尊重し公平に接する教員になろう

　教員は，個々の児童・生徒が未熟な発達段階にあるからといって，その人格を無視することは許されず，個々の児童・生徒を立派な一人の人格者として尊重する必要がある。

　子供達の顔かたちがすべて異なるように，児童・生徒といえども，豊かな個性をもったかけがえのない人格者であり，教員は一人一人の個性の伸長に十分配慮しながら援助する必要がある。

　個々の児童・生徒を大切にするためには，それぞれの個性に着目することが大切である。つまり，子供達は発達段階に応じた個性をもっており，教員の一方的な見方だけでは理解できない面もある。児童・生徒の日常の姿に目を向け，共感的な態度で接し，個性を伸ばしていく指導が求められている。

　また，親や教員だからといって，子供達の人権を侵すことがあってはならない。

　児童憲章などの趣旨をよく理解し，将来児童・生徒が自己実現できるように，個々の児童・生徒に対する人権尊重の精神に基づいた指導を心掛ける必要がある。

　また児童・生徒を指導する場合には，一人一人の児童・生徒の立場を尊重し，公平な態度で接する必要がある。児童・生徒は，教員の態度に敏感であり，自分では気付かない言動が子供たちの信頼を損なうこともあるので，児童・生徒との接し方や言葉使いにも十分気を配る必要がある。

❸ 豊かな専門的指導力を身に付けた教員になろう

　教員の専門職については，1976年のILOとUNESCOの「教員の地位に関する勧告」の中で「教育の仕事は専門職とみなされるべきである。この職業は，厳しい，継続的な研究を経て獲得され，維持される専門的知識および特別な技術を教員に要求する公共的業務の一種である。また責任をもたされる生徒の教育および福祉に対して，個人的および共同の責任感を要求するものである。」と規定している。

　つまり教員には，「専門的知識および特別な技術」と「生徒の教育に

対する責任感」の両面が必要である。この専門的知識および特別な技術は，継続的な研究と実践により獲得されるものである。

進展の激しい現代社会では，教員のもつべき専門的知識も更新されなくてはならないし，変わってきた子供に対応できる特別な技術ももたなければならない。

ともすると教員は，自ら学習することを忘れ，マンネリ化した授業を繰り返し，子供にのみ学習することを強要することになりがちである。

専門職の教員は子供とともに学ぶ姿勢が大切である。

教育の専門家である教員は，教科等に関して豊かな知識が必要だが，知識量が豊富だからといって，有効な指導が行えるものではない。

そこで教員は，教える教材の系統性や個々の児童・生徒の特質や発達段階をよく理解し，対象の子供たちにマッチした指導法が活用できるように，幅広い指導技術を身に付けておく必要がある。

児童・生徒の実態を把握しないで，教員の思いこみだけで指導計画を立案し，一方的に指導を進めると，学習につまずく子や指導に適応できない児童・生徒を多く生み出すこととなる。

専門職である教員は，教科指導に先立って，生徒理解を十分することが必要である。

❹ 地域社会から信頼される教員となろう

児童・生徒や保護者をはじめ地域の人々は，学校における教員の指導に信頼を寄せ，この信頼を基盤として，教員に学校教育を任せている。

そこで教員は，教育公務員としての立場をわきまえ，広く社会の人々の信頼に応えられるように行動することが，専門職としての使命である。

日常的な学校における教員の言動は，児童・生徒の成長に直接に大きな影響を与えるので，教員は自身の言動を常に自省しながら，一人一人の児童・生徒が個性豊かに健やかに成長するように，援助の手を差し伸べる必要がある。

このことにより，児童・生徒はもとより保護者や地域社会から信頼される教員が生まれる。つまり，児童・生徒，保護者をはじめとして地域の人々からの信頼が得られなければ，教育の基盤が揺るぎ，学校教育は成り立たない。

そのためには，教員自身が地域社会に飛び出て，地域社会から学ぶ姿勢が必要である。また，地域の人々や保護者の中には，様々な経験を積んだ優れた人々がいる。学校教育の場を預かる教員としての誇りはもちながらも，こういった地域や家庭の教育力を学校の教育活動に活用する姿勢が大切である。

この学校と地域社会との連携により，お互いの信頼関係が一層深まり，学校も，地域社会も，互いに活性化することになる。

❺ 人権を大切にする教員になろう

学校の教育活動の根本理念は，すべての人々に対する人権尊重の精神に支えられており，いじめ問題や同和問題をはじめ人権問題への正しい理解と認識を，教員として深めることが求められている。

特に，偏見や差別をなくすという観点から，教員自らその言動が児童・生徒の心に大きな影響を与えるということを自覚し，指導にあたることが必要である。

また文部科学省の統計では，全国の小・中・高等学校の教員による体罰は，毎年千件前後発生しており，教員が自らの感情を抑制できないまま，児童・生徒に対して体罰に及ぶ事例が多く起こっている。

体罰は，法律で禁止されているという理由だけでなく，児童・生徒の人権を侵害するばかりか，教育そのものを否定する行為で，理由の如何を問わず絶対に行ってはならないことを肝に銘ずる必要がある。

詳しくは，第7章の第6節で述べる。

34　第2章　教員の資質と使命

第 **3** 章 学校の組織と運営

　各学校は，その**教育目標**[education target]を達成するために，各教科，道徳，特別活動，総合的な学習(探究)の時間や各種の学校行事などの様々な教育活動を行っている。

　学校がその教育目標を達成するために，学校全体が校長を中心として，まとまりのある組織として有機的に機能することが重要である。

　各学校における運営の業務が「**校務**」[school affairs]であり，例えば，教務部，生徒指導部，進路指導部，保健部，各学年，事務部，各種委員会などの校務分掌[school affairs divide duties]が組織されている。

　各学校は様々な校務を円滑かつ適正に行っていく目的で，校長の下に，上記の各校務分掌を統括するために，管理職と主任で構成する企画調整会議が設けられており，そのいずれもが，教育活動において重要な役割を果たしている。その各校務分掌の職務を理解するため，以下，管理職である校長，副校長・教頭及び校務の中心で活躍する指導教諭や主任や学級(ホームルーム)担任の職務について概括的に述べることにする。

▌ 1.　学校の運営組織 ▌

　各学校の教育目標を達成するためには，個々の児童・生徒に対する教育活動が最も能率的，効果的に行われるよう，教職員などの人的条件や施設・設備などの物的条件など，あらゆる教育条件に配慮しながら，校務を学校全体で有機的に遂行する組織が必要となる。この運営組織が校務分掌組織である。

1.　学校の運営組織　　35

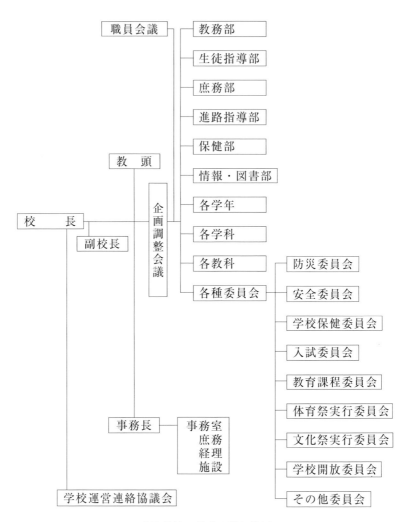

高等学校の校務分掌組織例

　校長は，校務分掌組織をつくるにあたって，各教職員の適性を十分に把握し，各分掌の適材・適所に配置し，校務分掌組織が組織体とし

て有効に機能するように努める責任がある。

❶ 校務分掌と役割分担

　学校は，様々な校務を適切かつ円滑に行うため，校長を中心として，教務部，生徒指導部，進路指導部，各学年などの校務分掌が設けられている。

　そこで各教員は，それぞれの分掌の内容や役割を十分理解し，分担した職務は責任をもって果たすことが求められる。

　初任者の場合は，児童・生徒に対する理解力を養うことを最優先すべきであり，まず生徒指導部などに所属して，主任や先輩の教員と一緒に生活指導にあたり，体験を通して児童・生徒の実態やカウンセリングマインドなどの手法を養うことが望まれる。

(1) 主な校務分掌とその内容

1) **教務部**　教育課程の編成及び実施，授業時間割の作成，児童・生徒の在籍管理，出欠席の状況の把握と管理等

2) **生徒指導部**　生活指導計画の立案・実施，日々の生活指導，生徒会や部活動の指導，安全教育の指導等

3) **進路指導部**　進路指導計画の立案・実施，進路に関する情報の収集，整理・活用と管理，進路相談業務等

4) **保健部**　保健指導計画の立案・実施，生徒の日常の健康管理，衛生・環境の維持管理，身体計測の実施等

5) **各学年**　各学年毎の年間指導計画立案・実施，保護者会の企画立案・実施，各学級担任と教科指導担当との連携業務，個々の生徒の日常的指導等

6) **各種委員会**　各種の行事等の実際の企画・運営

7) **各学科**　専門高等学校における，専門学科としての企画・運営の業務

　なお，校務分掌を有機的に機能させるために，都道府県や学校によって名称は異なる場合があるが，管理職及び各部や学年，学科の主任及び事務長などで構成する企画調整会議が設けられ，学校運営の企画立案及び実施に大きな役割を果たしている。

1．学校の運営組織　　37

❷ 校務分掌上の留意点

校務分掌を担当するにあたっては，組織の一員として共通理解のもとに職務を遂行することが大切であるが，個々の場面においては，教員の主体的な判断に委ねられることが多い。

そこで，教員は豊かな個性や創造性をもっていることが大切であり，このことにより組織は一層活性化する。その場合，理想論にとらわれるのでなく，日々登校してくる目前の児童・生徒の教育上の問題の解決のために，常に改善しようと努力する姿勢が重要である。そのための配慮事項は，次のとおりである。

1) 学校の教育目標を理解し，すべての教育活動の指針とする。
2) 各校務分掌が有機的に連携するよう分掌相互の協力体制を図る。
3) 校長，副校長や教頭及び主幹教諭，指導教諭や学年主任，先輩や同僚教員等の指導助言を気軽に受けられる人間関係づくりに努める。
4) 自分の職務を十分に把握し，他の教職員と協力し責任をもって自己の役割を果たす。
5) 職務終了後には，実施目的や計画に照らし評価を行い，事後の改善に役立てるようにする。
6) 職務の遂行にあたっては，経過を記録し，次年度以降の資料として活用できるようにする。

2. 学校教育目標の設定と教育課程の編成

❶ 学校教育目標の設定

学校教育目標[school education objectives]は，教育基本法や学校教育法等に定められた教育の目的や目標及び教育委員会の教育目標等を踏まえ，児童・生徒，学校及び地域の実態に即し，学校としての教育理念や目的に留意し，校長のリーダーシップのもと，全教職員の共通理解のうえにつくられている。

その目標には，発達段階に応じて，国民として必要とされる基礎

的・基本的な内容を重視し，児童・生徒の個性や能力に応じた教育の推進や豊かな心をもち，たくましく生きる人間の育成や，生涯を通じて学ぶ意欲と社会の変化に主体的に対応できる「生きる力」の育成をめざすねらいと内容が盛り込まれている。

　更に，人間としての調和のとれた，心身ともに健全な国民の育成への期待が込められている。

　そこで教員は，学校の教育目標を日常の教育実践の指針とし，教育活動に生かすように努める必要がある。

　学校の教育目標は，教育の特質から見ても，毎年目標を大きく変えていくものではない。しかし教育目標は，次年度の教育計画の立案にあたって，本年度の反省をもとに結果的には改訂しなくとも，毎年見直す必要があり，時代の進展や児童・生徒の実態の変化に配慮して，改善点が見つかれば教職員の合意のもとに改めることをためらってはならない。

　その場合，教育目標が，長期的な視野での目標と短期的な視点での具体的な行動目標として分けて設定してあれば，長期の目標は５年ぐらいのスパンで見直すとか，短期的な視点での具体的な目標は，その年の教育課題によって毎年見直すことで，かえって新たな気持ちで新年度からの教育活動に取り組むことができて，活力を生み出せる。

❷ 教育課程の編成とその手順

　各学校は，教育目標の実現のために，校長の責任のもとで，全教員の協力によって，児童・生徒の実態に即した特色ある教育課程[curriculum]を編成することが大切である。

　教育課程は，編成し，実施し，評価し，改善を図る一連のPDCA[Plan, Do, Check, Action]サイクルを確立するカリキュラム・マネジメントが求められている。そこで，管理職のみならずすべての教職員がカリキュラム・マネジメントの必要性を理解し，日々の授業等についても，教育課程全体の中での位置付けを意識しながら取り組む必要がある。

2. 学校教育目標の設定と教育課程の編成　**39**

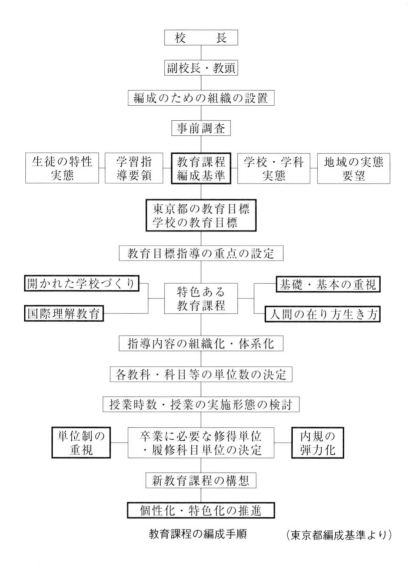

教育課程の編成手順　　　（東京都編成基準より）

　教育課程を編成するにあたっては，まず，**学習指導要領**[course of study]及び各都道府県教育委員会の「編成基準」に従うことが義務付けられている。
　また，学校や地域社会の実態についても考慮し，更に，中学校は小学校，高等学校は中学校との関連性に配慮して編成する必要がある。

編成作業手順としては，具体的な作業に着手する前段として，組織づくりや調査研究なども必要である。ここでは，東京都教育委員会の編成基準に示されている編成手順の例を参考に示した。

❸ 教育課程の実施と指導計画

教育課程は，学校全体の**教育計画**であり，それに従って各教科ごとに具体的な指導内容などを配列したものが**指導計画**である。

指導計画は，具体的な実施に重点を置いたもので，各教科・科目，道徳，特別活動及び総合的な時間について，それぞれの指導目標のねらいを実現するように，指導内容，指導の順序，指導方法，使用教材，指導の時間配当等を定めて，具体化した計画である。

教育課程の実施は，各学級担任・教科担任などの教員が，学校の教育目標を児童・生徒の発達段階に応じて具現化するため，指導計画に従って教科指導・特別活動・道徳・総合的な学習（探究）の時間などの指導を行うことである。

指導計画により教育活動を実施した後は，そのつど必ず評価を行い，次年度の指導計画や教育課程編成に生かすことが大切である。

その際，教育委員会が作成している「**学校評価基準**」[school criterion]を活用するとよい。

なお，指導計画には，年間計画，学期や月毎の指導計画，週案，日案，毎時間ごとの**学習指導案**などにいたるまで様々あり，校種や学校の実態に応じて作成されている。

各学校は，地域や学校の実態，課程や学科の特色，生徒の心身の発達段階及び特性等を十分考慮し，特色ある教育課程に基づき，望ましい指導計画を作成する必要がある。

指導計画は，適時適切に再検討し，必要があれば修正を加えられるように，弾力性のあるものとする。

指導計画の作成にあたって配慮する一般的事項として，次の３点があげられる。

1) 各教科・科目及び特別活動，総合的な学習（探究）の時間などの指導内容は，相互の関連を図り，全体として調和のとれた具体的

な指導計画とすること。

2） 発展的・系統的な指導ができるような指導計画であること。

3） 学校の創意工夫を生かした指導計画であること。

また，学習指導要領に示されていない事項の指導は，目標や内容の趣旨を逸脱したり，生徒の負担過重にならない配慮が必要である。

更に，児童・生徒の人間としての調和のとれた育成をめざし，児童・生徒の特性や進路等に配慮するとともに，学習の習熟の程度に応じた指導を工夫することが重要である。具体的には，個別学習やグループ学習，情報機器の活用や**ティーム・ティーチング**等様々な指導方法を工夫し，一人一人の児童・生徒の個性を生かし，主体的かつ対話的で深い学びの実現に努める必要がある。

❹ 学校評議員制度の導入

学校における教育活動は，学校だけで行えるものではない。各学校はそれぞれの地域社会の中にあり，学校教育に対する地域社会の理解や協力が不可欠である。

また，児童・生徒はそれぞれ家族の一員として大切な存在であり，保護者の学校に対する期待や願いに応えることは学校の重要な責務である。

従来，学校は社会に対して閉鎖的存在となる傾向があったが，これからの学校教育は，地域社会に対して柔軟に対応し，学校の教育活動やその結果責任を明らかにする必要がある。

そこで学校は，社会に対して開かれた学校づくりが求められており，家庭や地域社会に対して積極的に働きかけを行い，家庭や地域社会とともに子供たちを育てていくという視点に立った，学校運営が必要である。

激しい変化の予測される21世紀の社会を生きていく子供たちに，「生きる力」をはぐくんでいくためには，学校は家庭や地域社会と連携し，その教育力を活用する必要がある。

学校が家庭や地域社会との連携をどのように進めていくかという課題は，一方で，学校教育を直接担当する教員自身の在り方についても

深く関わっている。

　児童・生徒の人間形成を図る教育活動は，教員が教育公務員としての立場を自覚し，家庭や地域の人々から信頼されることによって成り立つものであり，学校が保護者や地域の人々に，自らの考えや教育活動の現状について率直に語るとともに，保護者や地域や関係機関の意見を十分に聞くなどの努力をする必要もある。

　学校教育が，児童・生徒の教育に関わる多くの人々にとって開かれたものとなり，社会の期待に応えていくためには，学校のあるべき姿や教育活動などについて，保護者や地域住民の意向を的確に把握する必要がある。その趣旨にそって，わが国で初めて地域住民の学校運営への参画の仕組みとして2000年4月より，学校評議員制度[school councilor system]が導入された。

　学校評議員は，校長の求めに応じ，学校運営に関して意見を述べることができる。当該校職員以外で，教育に関する理解及び識見を有する者の内から，校長の推薦により，当該校の設置者が委嘱する(学校教育法施行規則第49条)。

　この制度の発足に合わせて，地域によっては学校評議員の代わりに保護者や地域の関係機関の代表者からなる「**学校運営協議会**」[school management conference]などの協議会が設けられている。

　この協議会は，学校自らが，学校に関する情報を積極的に発信し，学校運営に保護者や地域住民の参画を求め，地域からの学校及び校長への一層の支援を目的として設けられたものである。

　特に，「総合的な学習(探究)の時間」や体験的な学習や就業体験などの実施にあたって，地域や家庭の理解と協力を得ながら，特色ある学校づくりに努めることが求められており，学校評議員や学校運営協議会を活用することは有効である。

3. 「学校管理運営規程」と学校運営

　各学校は，学校組織や運営に関する規程をつくり，その規程に基づいて円滑かつ効果的な運営に努めている。

ここでは，東京都の高等学校の事例を取り上げ，その概要について述べる。

❶ 学校管理運営規程

過去，都立高等学校は，各学校ごとに作成された校内内規により運営され，公立学校として統一した管理運営がなされていない傾向がみられていた。

そこで，東京都教育委員会は，以下に示したような管理運営規程[school management rule]の雛形を示して，全都立高等学校の管理運営規程の統一を図り，その規程を施行した。

この規程で特に注意する点は，「職員会議」[staff conference]を校長の補助機関として位置付けたことである。すなわち，校長が教職員に経営方針を伝え，校長の意思決定に資するために，教職員の意見等を聞く場として位置付け，職員会議は「校長の意思決定を拘束するものではない」と規定した点である。

このことは，校長が名実ともに，学校の最高の管理責任者として位置付けられたことを意味する。

なお，職員会議については，学校教育法施行規則の一部改正により，「校長の職務の円滑な執行に資するため，職員会議を置くことができる」「職員会議は校長が主宰する」(施行規則第48条)に規定された(2000年4月施行)。

また，校長のリーダーシップのもと，校務分掌組織として，各主任の機能を高めるために，主に管理職と主幹教諭・指導教諭等で構成される「企画調整会議」が新設された。

都立高の例では「企画調整会議」は，校長の方針を受けて，学校全体の視点で，学校運営の企画立案や連絡調整を主に行い，効果的な学校運営をめざす機能をもっている。

学校管理運営規程例

東京都立高等学校の学校管理運営規程の例

第1　目的

　この規程は，法令及び東京都教育委員会規則等の定めるところに従い，東京都立○○○学校（以下「本校」という。）の管理運営に関し，必要な基本的事項を定め，円滑かつ効果的な学校運営を推進することを目的とする。

第2　事案決定

　本校における事案決定は，東京都立学校事案決定規程等に基づき，原則として文書により行う。

第3　校長

　校長は，校務をつかさどり，所属職員を監督する。

第4　副校長（教頭）

　副校長（教頭）は，校長を助け，校務を整理し，校長の命を受け所属職員（事務室の所属職員を除く）を監督し，及び必要に応じ生徒の教育をつかさどる。

第5　主幹教諭

　主幹教諭は，上司の命を受けて，担当する校務を処理する。また担当する校務に関する事項について教頭（副校長）を補佐し所属職員を監督する。

第6　指導教諭

　生徒の教育をつかさどり，並びに教諭に対して教育指導の改善及び充実のために必要な指導及び助言を行う。

第7　主任教諭

　特に高度な知識又は経験を必要とする教諭の職として主任教諭を置くことができる。

第8　事務長（事務室長）

　事務長（事務室長）は，校長の命を受け，事務室の事務を総括処理する。

第9 校務分掌組織

校務に関する分掌組織は，次のとおりとする。ただし，特別の事情があるときは，その一部を置かないことができる。

1　部

教務部，生徒指導部，進路指導部及び保健部等を置く。

教務部（教務に関する事項を扱う）

生徒指導部（生活指導及び生徒会等に関する事項を扱う）

進路指導部（進学指導・就職指導等進路に関する事項を扱う）

保健部（保健指導及び厚生・美化等に関する事項を扱う）

2　学年

第一学年，第二学年，第三学年を置く。

3　学科

○○科，○○科を置く。

4　教科

国語科，地理歴史科，公民科，数学科，理科，保健体育科，芸術科，外国語科，家庭科，○○科，○○科を置く。

5　企画調整会議

6　職員会議

7　各種委員会

教育課程委員会，防災管理委員会，労働衛生委員会，学校開放委員会，学園祭委員会，体育祭実行委員会，入試検討委員会等

8　その他

校長が必要と認めたときは，その他の分掌組織を置くことができる。

第10 事務室組織

事務室の事務は，庶務，経理，施設，学事，給与，福利厚生その他の事務とする。

第11 企画調整会議

1　目的

企画調整会議は，校長の補助機関として，校長の学校運営方

針に基づき，学校全体の業務に関する企画立案及び連絡調整，各分掌組織間の連絡調整，職員会議における議題の整理，その他校長が必要と認める事項を行い，円滑かつ効果的な学校運営を推進する。

2　構成員

校長，教頭，事務長及び東京都公立学校の管理運営に関する規則第10条の2による主任並びに校長が指定する事務室の所属職員とする。

3　開催

定例会は，原則として隔週毎に開催する。

4　招集

校長が招集し，その運営を管理する。

5　その他，必要な事項は，校長が定める。

第12　職員会議

1　目的

職員会議は，校長の補助機関として，次に掲げる事項の内校長が必要と認めるものを取り扱う。

（1）校長が学校の管理運営に関する方針等を周知すること。

（2）校長が校務に関する決定等を行うにあたって，所属職員の意見を聞くこと。

（3）校長が所属職員等相互の連絡を図ること。

2　構成員

常勤の教職員。ただし，校長が認めた場合は他の職員も参加できる。

3　開催

定例会は，原則として隔週毎に開催する。

4　招集

校長が招集し，その運営を管理する。

5　司会

校長が選任する。

6 記録

校長が記録者を選任する。記録者は，会議の要旨を会議録として取りまとめ，会議終了後直ちに会議録を校長に提出し会議の要旨が正確に記載されているかの確認を受けなければならない。

7 運営

(1) 報告，意見聴取及び連絡に関する事項は，企画調整会議を経た上で，事前に資料を添付し教頭に提出する。

(2) 校長の意思決定に資するため，職員会議において，必要に応じて構成員の意向を聞くことはあるが，校長の意思決定を拘束するものではない。

第13 校務分掌組織 省 略

第14 人事

分掌組織を構成する人事については，東京都教育委員会の権限に属するもののほかは，校長が定める。

第15 予算

校内予算の編成等については，「東京都立学校の予算編成等に係る規程」に基づき，適正かつ効率的な運営を図る。

第16 校内規定

校長は，この規程に基づき，その他の校内規定を定める。

第17 情報開示

この規程及びその他の校内規定については，保護者及び都民等の閲覧に供することができるよう整備する。

付則　この規定は，平成21年1月1日から施行する。

❷ 職員会議の機能

従来校内運営に関しては，各都道府県の公立学校の管理運営に関する規則で定められており，職員会議についてもその規則に基づいて，東京都の場合校長が策定した「管理運営規程」で定め，既に1999年（平成11年）1月1日より施行し，職員会議の機能を明確化していた。

職員会議は，校長の職務遂行上の**補助機関**[supplementary organization]として，教育委員会や校長の方針の伝達，教職員間の連絡調整及び教育課程に関わる意見交換等を行う場所として明確化された。

職員会議で，自分の考えや意見を積極的に述べることが大切であるが，職員会議は議決機関や意思決定機関でなく，意見が分かれたり，採決されたりしても，最終的には校長の判断に従うことが必要である。

(1) 職員会議の機能

職員会議は，前述したように校長の補助機関として，校長が経営方針を伝えたり，校長が意思決定にあたって意見を聴取する場である。また，学校運営にあたり，教職員の相互連携が図れるように，意思疎通を図る場でもある。

以下，職員会議の機能を4つに分類し示した。

1) 意思伝達機能

校長の学校経営に関する方針を教職員に示して協力を求めるとともに，教育委員会その他の関係機関からの通知などを周知する。

2) 協議機能

校長の意思決定に際し，より適正かつ適切な決定が得られるように教職員の意見を聞き，協議を求める。

3) 連絡・調整機能

教職員おのおのが分掌している事務の報告や情報交換，教育活動各種行事等について連絡調整し，共通理解を求める。

4) 研究・研修機能

学習指導，生徒指導，その他教育に関わる諸問題について，研究研修の成果を交流し合い，教員の専門性を高める。

実際の職員会議の流れをみると，報告事項，連絡事項などに分けて会議を進めている例が多い。

(2) 職員会議の法的な性格

職員会議については，「地方教育行政の組織及び運営に関する法律」の第33条，「教育委員会は，法令又は条例に違反しない限度において，その所管に属する学校その他の教育機関の施設，設備，組織編制，教育課程，教材の取扱その他学校その他の教育機関の管理運営の基本的事項について，必要な教育委員会規則を定めるものとする(以下略)。」

3. 「学校管理運営規程」と学校運営　　49

の規定を受けて，教育委員会は学校管理規則を制定し，その中で職員
会議についても規程を定めてきた。

　職員会議の構成員は「常勤教職員」としているが，校長が認めた場合
は，職員会議に指導主事や専門的行政機関の職員の出席を求め，指導
助言や意見等を聞くことができる。

　従来から，東京都や他県や政令指定都市の一部では，学校管理規則
で職員会議を校長の補助機関として位置付けてきていた。

▎ 4.　校長の職務 ▎

　学校教育法第8条は「校長及び教員の資格に関する事項は，別に法
律で定めるもののほか，文部科学大臣がこれを定める」としている。

　学校教育法施行規則第20条では，校長の資格は，「教育職員免許法
による教諭の専修免許状又は一種免許状（高等学校及び中等教育学校
の校長にあつては，専修免許状）を有し，かつ，次に掲げる職（以下
「教育に関する職」という。）に5年以上あつたこと」と示されている。

　公立学校の校長は，一般に，学校教育法の1条学校の校長，教員，
事務職員にあった者や，国又は地方公共団体において教育事務又は教
育を担当する公務員の職から任用されるとしてきた。しかし一般的に
は，校長への昇任は各教育委員会が教頭経験者に，昇任試験等を実施
し，それに合格した者を発令してきた。

　東京都の場合，校長の受験資格は，教職経験15年以上，都公立学校
教職経験10年以上，都公立学校教頭経験3年以上としており，教育委
員会は筆記試験並びに面接試験を実施し，これに合格した者を任命し
てきた。

　しかし，これからは，教育に関する理念や識見を有し，地域や学校
の課題を的確に把握し，リーダーシップを発揮し，教職員の意欲を引
き出し組織的な学校運営ができる校長の確保が重要視されている。

　そこで，国は学校教育法施行規則を改正し，校長の資格要件を緩和
し，教員免許状がなく，また教育に関する職についた経験がなくとも，
「校長と同等の資質を有する」と任命権者（教育委員会）が認めれば，登

用が学校教育法施行規則の一部改正(第20条)により2000年4月からできるようになった。

それを受けて，東京都は全国に先駆けて，2000年度に2名の民間企業の管理職経験者を高等学校の校長職として任命した。その後，全国で2011年度までに125名が採用されている(高校57名，小学校46名など)。

今後，民間出身校長の手腕が期待されるが，このことが学校教育全体の意識改革や活性化に良い影響を及ぼすことを期待する。

❶ 校長の職務内容

校長の職務は，学校教育法第37条第4項(高等学校第51条準用規定)で「校長は，校務をつかさどり，所属職員を監督する」と規定されている。

この規定は，校長の職務権限を包括的に示したものである。また，ここにいう校務とは，学校がその教育の目的を達成するために行うすべての仕事であり，学校運営上必要な一切の仕事を指している。

具体的には，校長は，教育課程の管理，児童・生徒の管理，学校施設設備・教材・教具の保全・管理，教職員の人事管理，その他学校の運営に関するすべての業務を担当しているのである。

本来，学校教育法第5条に示されているように，公立学校の場合，学校を管理するのは，設置者である教育委員会である(国立は文部科学省，私立は学校法人)。

従って，教育委員会は，学校の運営が，法令の定めるところに従って適正かつ円滑に行われるよう監督する立場にあり，学校の管理運営全般にわたって責任を負うものである。しかし，教育委員会は，学校管理に関わる権限をすべて直接行使するのではなく，直接児童・生徒の教育活動に携わる校長に，学校の運営に属するとみられる教育事務を分担させるとともに，一部権限を委任し，学校に主体性をもたせ，創造的な学校運営を校長に期待している。

このため教育委員会は，地方教育行政の組織及び運営に関する法律(地教行法)第33条に基づいて，学校運営の基本的事項を学校管理運営規則に定め，教育委員会と校長との分担を明確にしている。

校長は学校という組織体の責任者として，職務上の上司である教育

4. 校長の職務 **51**

委員会の示す方針や規則に従って，学校運営にあたらなければならない。

また，所属職員の職務上及び身分上の監督に関わることや職務上，教育委員会から委任または命令された事項に関することも含まれる。

更に校務運営にあたって，校長は所属職員に校務を分掌させることができる。

1) 学校教育の管理

学校教育の管理とは，教育課程の管理や児童・生徒の管理を中心とする教育活動に関するものをいう。

各学校には，法令や教育委員会で定められた学校教育の目的や目標を受けてそれぞれの学校の校種，地域や実態を考慮した学校の教育目標がある。その教育目標達成のために，教育課程を編成することは，学校教育の根幹をなすものであり，校長は，全教員の協力のもとにリーダーシップを発揮し，全体として統一がとれ，一貫性をもった理想的な教育課程を編成しなければならない。

その際，学校教育法施行規則第50条により，学習指導要領を基準として教育課程を編成し，教育委員会に届け出ること（地教行法第33条）になっている。学校教育の管理において，何よりも大切なことは学校の教育目標の実現にある。そのために校長は，教育方針や本年度の指導の重点を決め，教職員を指導し，教育活動を活発にするための創意と工夫をする。

その他学校教育に関するものとして，学期，休業日，授業時数の設定，原級留置，伝染病による出席停止（学校保健安全法第19条）の決定等についても，職務として規定されている。

また，修学旅行やクラブ合宿等，宿泊を伴う行事の実施の場合や，文部科学省検定教科書以外の教材を活用する場合は，教育委員会への届出が義務付けられている。

更に，学校教育法第11条に規定される生徒の懲戒については，学校教育法施行規則第26条第2項で，校長の職務とされている。

2) 所属職員の管理

教職員の人事管理は，最終的には任命権者である教育委員会が行う

ものであるが，以下に述べるものは，学校内の組織における人事管理を指している。校長は学校運営を行うにあたって，所属職員に校務を分掌させることができるが，教員の教育活動が自主的にしかも活発に行われていくには，教員一人一人の適性と教育公務員としての使命感が基本となる。そこで校長は日頃の人間関係を通して，教職員の個性，能力を見極め，校務分掌における適材配置の構想を練っておかなければならない。

　また校長は，学校運営組織の編成にあたっては，常に公平を旨とし，適材適所主義を貫くとともに，主任決定の際には，年功序列にこだわらず，若手でも能力のある者を採用するなど，教育の改善への対応と活性化に配慮することが必要である。

　この他，職員会議や他の校務分掌とその運営，教職員の服務に関する業務等がある。

　また，校長には，所属職員の職務上及び身分上の監督の義務がある（学校教育法第37条）。職務上の監督とは，所属職員の職務の執行についての監督であり，教員についていえば，分掌させた校務や生徒への学習指導が適切に行われているか，また法令に違反していないかを監督することである。

　身分上の監督とは，公務員としての身分上の行為に関する監督をいう。公立学校の教職員は地方公務員としての身分を有しているので，地方公務員法に従い，公務員として守らなければならない事項がある。

　例えば，信用失墜行為の禁止（地公法第33条），守秘義務（同法第34条），政治的行為の禁止（同法第36条）等で，校長は，教職員の進退を含め職場以外での行為についても地方公務員としての身分上の指導，監督を行う職務がある。なお，身分上の監督下には，休職中の者や研修のため他へ派遣されている者，職員団体専従者なども含まれる。

　3）　学校施設の管理

　学校教育が効果的に進められるには，教育の条件整備が不可欠である。その一つが施設設備の管理である。校長は，生徒が安全で快適な学校生活ができるように，また，効果を上げる教育環境をつくるために，教育委員会との折衝を行い，校内的には，施設管理の校内組織を

明確化し，教育計画や安全管理の徹底を図る必要がある。

　校長が計画的に校内巡視を行うことは，学校の教育環境を把握するための職務の一環であり，その改善，充実の基になる。

　この他，法令上の規定に，学校施設の目的外使用の同意(学校施設の確保に関する政令第3条第1項)，防火管理者の決定と消防計画の作成実施(消防法第8条)などがある。

　4)　学校事務の管理

　学校事務の領域は，教育計画・実施の事務，人事・服務に関する事務，学校営繕や会計に関する事務など広範囲にわたる。この広範囲な校務を校長一人で遂行することは困難である。そこで指導組織と事務組織に分け，それぞれ所属教職員に分担させている。

　学校が組織体として運営されるためには，指導組織と事務組織の連携が必要となる。高等学校には事務室が置かれ，事務長(事務室長)は，校長の監督を受け庶務，経理，施設などの事務を処理している。(学校教育法施行規則第46条第3項)

❷ 職務命令

　地方公務員法第32条に「職員は，その職務を遂行するに当つて，法令，条例，地方公共団体の規則及び地方公共団体の機関の定める規程に従い，且つ，上司の職務上の命令に忠実に従わなければならない」と規定されている。

　職務の上司とは，学校では校長がすべての職員の上司である。学校を管理する教育委員会は，当然，学校全職員の上司であり，校長をはじめ他の職員もその命令には従わなければならない。従って，校長は教育委員会から発せられる職務命令に従うと同時に，他の職員に周知徹底させ，学校の教育目標達成のために，組織の秩序を保ちつつ効率的な学校運営を行っていかなければならない。

　一般に学校では，いちいち命令という形式は取らずに，校務が運営されているが，管理職と教員の考え方が相反して調整がつかない場合や緊急の場合など，時によっては校長は職務命令を発しなければならないことがある。校長は，職務命令を出す場合には，文書で行い，立

会人を置いて慎重に行う必要がある。

　しかしできれば校長は，日頃の指導監督を通して人間関係を構築し，個々の職員が自己の職責を自覚して職務命令を発しなくとも，組織体として学校運営が機能するような職場の雰囲気づくりに努めることが大切である。

❸ その他の職務

　校長の法的な職務ではないが，PTAや同窓会，地域社会との関わりは，学校教育を進める上で重要である。

　一般に校長は，PTAや同窓会の顧問という立場で組織に参画しており，それぞれの会合に出席して，学校の教育方針や現状の説明を行って協力を求めたり，会の運営に協力したりしている。

　また，生涯学習社会を迎えた今日，学校は地域社会と密接な関係にあり，学校開放や地域への協力など大切な役割を担っている。また，家庭や地域の教育力を活用するなどその連携強化は，今後の学校運営で配慮すべきことである。

　その他，各地区，校種による校長会の業務がある。校長会は，校長相互の任意団体であり，入会は個人の自由であるが，学校運営における校長間の連絡協議や研修の大切な場である。また校長会として関係機関の情報交換や要望などの働きかけを行い，望ましい学校経営に努める必要からこれらの会の役割を受け持つことも，学校教育充実のための大切な仕事である。

▌ 5.　教頭（副校長）の職務と役割 ▌

　教頭職についての第二次世界大戦後の経緯を見ると，1957年（昭和32年）に学校教育法施行規則が改正され，教頭は，教諭の充て職として位置付けられた。その後，教頭職の重要性にかんがみ，教頭を教諭の充て職ではなく，法律上独立した職として位置付けるために，1974年に学校教育法が改正され，教頭職は，学校に必置の管理職と位置付けられた。さらに2008年４月から，副校長の職を置くことができるよ

うになり，校長を助け，職務の一部分担ができるようになった。

　教頭の職務は，学校教育法第37条第7項で「教頭は，校長・副校長を助け，校務を整理し，及び必要に応じ児童の教育をつかさどる。」とし，同第8項では「教頭は，校長（副校長）に事故があるときは校長の職務を代理し，校長（副校長）が欠けたときは校長の職務を行う。この場合において，教頭が2人以上あるときは，あらかじめ校長が定めた順序で，その職務を代理し，又は行う。」と規定されている。

　つまり，教頭の職務は，校長・副校長の補佐，校務の整理，児童・生徒の教育，校長の職務の代理・代行・代決並びに簡易な事案についての専決等である。

　教頭が校長・副校長を補佐するためにつかさどる校務は，学校教育の管理，所属職員の管理，学校施設の管理，学校事務の管理，教育委員会の委任及び命令された管理等である。そこで教頭はこれらの校務を整理する立場から，その業務について熟知し，校務分掌が有機的に機能するように指導管理することが役割となる。

　従って教頭には，校長を補佐することによって，教職員の意識を高め，教職員の人間関係を調整することが求められている。

　なお，教頭の監督権については，法の条文に規定がなく，教頭は校長から独立して監督権をもたず，校長の監督権を補佐するものである。

❶ 校長補佐の役割

　補佐としての教頭の役割は，校長の経営方針や教育目標実現のための方策等を受けて，校長の意を理解し，その具現化のために助力し，推進することである。

　特に，校長の意向を教職員に一方的に伝達するだけでなく，教職員一人一人の意向を吸い上げ，校長に正しい判断材料となる情報を提供することも大切である。

　この場合，校長の方針に盲従するのではなく，正しいと思うことは勇気をもって進言する必要がある。

　要するに教頭は，校長の経営方針をよく理解した上で，それを全職員に浸透を図りながら，校長と教職員間の意思疎通が図れるように努

めるとともに，それぞれの教職員の特質を生かし，意欲的に業務に取り組ませることが大切である。

　学校において，教頭は自ら縁の下の力持ちになりきり，学校の盾になる気概が求められる。この教頭の姿は教職員からの信頼を勝ち取ることにつながるものである。

❷ 校務整理の役割

　教頭の校務整理は，校長と教職員の間に立って，教職員間の意見の相違等がある場合，調整を図って校務分掌の機能を高め，教職員のモラルの向上に努め，教育目標の具現化を図るために，学校を一つの組織体として機能させることが主たる業務と考えられる。

　そこで教頭は，各部や各学年や各学科等の分掌組織が，学校経営方針に従って有機的に機能するように，指導・助言したり，調整したりすることが求められる。

　この場合教頭は，各主任層の教職員の役割を尊重しながら，各主任が学校経営に参加しているという参画意識を育てるように配慮する。

　なお，各主任は，自分の分掌の利益代表になりやすいので，このような時には，教頭として各主任が学校全体の視点を踏まえて行動するように適切な指導をする必要がある。なお，2008年4月より主任に代わって，主幹教諭や指導教諭の設置が認められている。

　教頭が整理する校務の主な内容は次のとおりである。

1)　教育に関して

　　　　教育目標の具現化や学習指導の改善充実等の教育計画
　　　　の立案及び運営，生徒に関する事項の管理と指導

2)　教職員に関して

　　　　職務上，身分上の管理と指導，分掌事務管理と指導，
　　　　研修の管理と指導

3)　施設設備に関して

　　　　施設設備の整備と運用，安全対策等の管理と指導

4)　学校事務に関して

　　　　教育事務の管理と指導

❸ 児童を教育する役割

　1974年（昭和49年）までの法制化する以前の教頭職は，教諭の充て職のため，授業を担当する機会が多かったが，教頭が教諭と別の職種として指定されたことにより，教頭が教諭として授業を担当する必要がなくなり，「必要に応じ教育をつかさどる」こととなった。

　しかし，直接授業を担当する必要がなくとも，教育指導の専門家としての資質を身に付け，教員に対し学習指導に対する適時適切な指導・助言ができるように努める必要がある。

❹ 校長（副校長）職務の代理・代行の役割

　学校教育法第37条第8項を受けて，各都道府県教育委員会では管理規則等で代理・代行する教頭の職務について規定している。

　例えば東京都の場合，「公立学校の管理運営に関する規則」では，職務を代理する場合「校長が海外出張，海外旅行，休職又は長期にわたる病気等で職務を執行することができない場合」，職務を行う場合「校長が死亡，退職，免職又は失職により欠けた場合」と規定している。

　つまり，代理は，校長としてその職にあるが，海外出張等の事情で職務を執行できない場合に，一時的に教頭がその任にあたることを意味している。

　代行は，校長が死亡するなど，校長が現存しない場合に，新規の校長の発令まで校長の任を行うものである。

　教頭が校長の代理・代行を行う場合には，まったく校長と同様の職務権限をもつことになる。

　ただし，全日制，定時制の併置校では2人の教頭がいるので，あらかじめ校長が定めた順序で代理・代行させる。

❺ 校長（副校長）職務の代決・専決の役割

　東京都の「公立学校の管理運営に関する規則」では，教頭は上記の場合以外で校長が不在の時は，「別に定めがある場合を除き，校長の職務に関し至急に事案の決定を行う必要があるときは，当該事案の決定を行うことができる。」とし，代決を規定している。

代決は，校長が署名捺印すべきところに，教頭が「代」という文字を肩書して署名捺印することによって行われる。

代決した場合は，校長の後閲を受けるが，重要な事実については，決定を保留し，校長の指示を受けて処理する。

代決は，法的には権限は移行していないので，教頭としては，最終的な責任は校長にあることに留意する必要がある。

専決は，校長の在，不在にかかわらず，校長の職務で比較的軽易な事案について，その処理を教頭が校長に代わって行うことである。

副校長や教頭の専決事項については，校長の判断によるが，学校の実態，教頭の力量等により異なるが，学校内規としてその事項を定め，教職員に理解を徹底しておくとよい。一般的に専決事項としては，諸休暇の承認，日常的な出張命令・公文書の発送，校務分掌の各係への指導助言，諸施設の管理等があげられる。

❻ 教頭の資格と任用

教頭の資格は，学校教育法施行規則第23条において「教育職員免許法による教諭の専修免許状又は一種免許状（高等学校の教頭にあっては，高等学校教諭の専修免許状）を有し，かつ，教育に関する職に5年以上あったこと」との規定があり，これを受けて各都道府県の教育委員会では，受験資格に教諭としての経験年数や受験できる年齢に制限を設けるなど，詳細な規定を定めている。2006年4月より学校教育法施行規則が改正され，教頭も校長同様免許状がなくても教育委員会が同等の資質があると認めれば民間人を採用できるようになった。

採用試験は，全国的に見て，学校教育に関する課題について，第1次試験は「論文」形式で記述させる方式の試験が一般的である。

第1次の「論文」試験合格者を対象として，第2次は面接試験が行われ，合格者は教頭候補者となる。教頭候補者は，教頭職の年間要員として学校にとどまりながら1年間から2年間，教諭として勤務しながら，教頭の任用前研修を受講し，その成果をもとに教頭として発令される。

■ 6. 主任・主幹の職務と役割 ■

　各学校には，教育活動を円滑かつ効果的に展開し，調和のとれた学校運営を行う教職員の組織が必要である。従来から，校長，副校長，教頭を中心として，校内には校務分掌組織があり，主任に相当する役割を果たす教職員がおり，学校運営に貢献してきた。

　そこで文部省は，1975年（昭和50年）12月学校教育法施行規則を改正し，校務分掌の仕組みを整える目的で主任の法制化を図り，1976年3月1日に施行した。

　これにより，各学校に設置されている各種の主任の内，特に全国的に共通した基本的なものである教務主任，学年主任，生徒指導主事等について，その設置と職務内容が明確に規定され，それらの主任等が積極的に学校運営に協力しやすいように，規程の整備が図られた。

　これを受けて，都道府県教育委員会は，各主任の職務や任命方法等について教育委員会規則で定めている。

　2000年4月1日より主幹を置くことができるように学校教育法が改正され，主幹が主任を兼ねるようになっている。

　また，主幹や主任については，教諭の給料表より良い処遇がなされている。

　なお，前記学校教育法施行規則で「主任」を用いず，「主事」となっているものは，「生徒指導主事」以外に，「進路指導主事」「保健主事」があるが，教育委員会規則では「主任」の名称で用いられている例も多く，職務上両者に違いはない。

❶ 主任（主幹）の職務

　各学校においては，全教職員の校務を分担する組織を有機的に編成し，その組織を有効に機能させる必要があり，そのためには主任の果たす役割は極めて大きい。しかし教員は，教員間の横並び意識が強く，組織の一員としての自覚に欠ける者もおり，主任の制度化が管理強化につながる等を理由に反対する意見もあった。

60　　第3章　学校の組織と運営

各主任は，それぞれの校務分掌に関わる事項について，教職員間の連絡調整及び関係教職員に対する指導，助言等にあたる者である。また，当該職務について，校長及び教頭の指示を受けてこれを関係職員に伝え，あるいはその内容を円滑に実施するため必要な調整等を行うものである。

　主任の具体的な職務は，学校の実態によって異なるが，硬直化した校務分掌を活性化するため，各主任の果たす役割に期待されるところが大きい。

❷ 各主任の職務

　各主任の職務については，学校教育法施行規則第44条に規定されている。

1) 教務主任

　校長の監督を受け，教育計画の立案その他の教務に関する事項について連絡調整及び指導，助言にあたる。

　具体的には，学習指導に関わる分野を担当し，教育課程の編成及び実施の総合的な調整，時間割りの調整，教科書・教材の取り扱い等，教務全般に関する連絡調整とともに，関係教員への指導・助言を行う。

　各主任の中でも，教務主任は学校運営のかなめであり，比較的ベテランの教諭があたり，几帳面で教務関係の事務能力に卓越している人が望ましい。

　教務主任は，教育課題を見極め，管理職の意向を配慮しながら，学校が一人一人の生徒にとって充実感のある学習活動の場になるように，教育課程等を組織的に整備し，推進し，教育目標の実現に向けて職務を遂行することが大切である。

2) 学年主任

　校長の監督を受け，当該学年の教育活動に関わる事項について連絡調整及び指導助言にあたる。具体的には，学年の教育指導に関する総合的な調整，学年と他の分掌との連携等を図るとともに，当該学年の教育活動全般に関して学級担任に指導助言を行う。

　学年主任は，学校と学級の間に位置しながらも，同一学年に属する

担任相互の協力関係を図りながら，校務分掌の組織体の中で，学年としての機能をどう発揮することができるかを考え，主任に課せられた使命を果たさなければならない。つまり，各学級集団や各担任に対して，各学級の主体性を尊重しながら，学年としての調和と統一を図りながら，教育目標達成をめざす学年経営が望まれている。

3) 保健主事(主任)

校長の監督を受け，学校における保健に関わる事項の管理にあたる。具体的には，保健計画の立案・実施の総合的な調整及び生徒の健康管理等を行う。

保健主事は，学校保健安全法(1958年制定)の施行に伴い，教諭をもって充てられていた。しかし主任の制度化を契機に，校長の監督のもとに学校保健委員会を組織し，学校保健全般について，養護教諭や校医等の専門家の助言を生かしながら，全教職員の協力を得て，学校保健の管理運営にあたる職務を果たすこととなった。

4) 生徒指導主事(主任)

校長の監督を受け，学校における生活指導計画の立案・実施，生徒指導に関する連絡調整,資料の整備,関係教員への指導・助言にあたる。

最近，小学校高学年から高等学校まで，基本的な生活習慣に課題をもった児童・生徒が入学するようになり，学習指導に入る前に，人の話を聞く態度，決められた事を守る姿勢，友達との関わり方の欠如等が目立ち，これらの生活習慣の確立が優先して必要になっており，生徒指導に関する業務が増加している。

また，授業妨害，いじめ，喫煙，飲酒，暴力行為等の問題行動も多くなり，教職員の共通理解に基づく指導は欠かせず，生徒指導主任の果たす役割が重要になっている。

教員の中では，他の分掌に比べて生徒指導は手数がかかるので，敬遠されがちであるが，すべての教職員にこの職務を体験させることが必要であり，そのために主任の果たす役割が重要となる。

更に，カウンセリングの手法も取り入れて指導することが求められており，そのための校内研修等の計画の立案・実施も主任に期待される職務である。

5) 進路指導主事(主任)

校長の監督を受け，進路指導に関する学校の全体計画の立案，進路情報の収集・整理，生徒の進路相談等の業務を行うとともに，当該事項について教職員間の連絡調整にあたり，関係職員の指導助言にあたる。

特に進路指導では，従来から就職指導や進学指導等の出口指導に偏りがちであったが，これからは，一人一人の生徒が自己を理解し，生徒自ら将来の進むべき道を選択し，自ら決定できる能力を育てるという，在り方生き方指導に力点を置く必要がある。

主任としては，この事について教職員の先頭に立って共通理解が図れるように努力すべきである。特に学年主任との連携を強化し，各学年の年間ホームルーム計画に進路指導を適時適切に位置付け，3年間を通して進路指導の成果が上がるように，各学級担任への指導助言にあたる。

6) 学科主任(専門高等学校に設置)

校長の監督を受け，当該学科の専門教育に関する教育計画及び実習計画の立案・実施，実習施設・設備計画等，当該学科の教育活動について，関係職員間の連絡調整にあたるとともに，関係職員の指導助言にあたる。

とかく専門高等学校では，各専門学科がその専門性を固守し，科の独立性を強調し過ぎるあまり，学校運営について各科の横の連携が図りにくい傾向がある。

そこで各学科主任は，共通基礎科目や「課題研究」や総合的な探究の時間の実施にあたり，他の学科との連携強化を図り，学科の枠を取り払って施設設備の共同利用や指導者の相互乗り入れ等により，各学科の教育内容や運営方法の改善充実に努めることが求められている。

❸ 主任(主幹)の任命と役割

主任の発令は，所管の教育委員会規則で決められているが，校長が当該学校の教諭の中から任命し教育委員会に届け出るのが一般的になっている。しかし，東京都では教育委員会が本人に辞令交付している主任もある。

校長は，主任の選任にあたって教員の適性や経験が生かされるように配慮する。なお，主任は固定化せずに専門的な能力をもつ適格者が多くなるよう，できるだけ広く経験できるようにする必要がある。

一般的には，主任の任期は，3年間ぐらいが妥当である。

主任の職務を大別すると，「企画・立案」「連絡・調整」「指導・助言」になるが，各主任ともこれら3つの職務を一体として行うものであり，主任の職務を「企画・立案」のみとしたり，「企画・立案，連絡・調整」にとどめては，本来の主任としての役割を果たしていることにはならない。

つまり，「企画・立案，連絡・調整，指導・助言」という職務は，主任の学校経営組織としての位置付けであり，主任の職責に与えられた役割である。従って誰が主任になっても，組織としての計画を推進するためには，他の教職員は主任の指示に従うことが求められる。

いうまでもなく，学校は校長をキャップとした一つの組織体であり，校長の指示のもとに，各主任は，校務分掌組織の一分掌の責任者であることを自覚し，教職員間の相互理解を図りながら，学校運営をスムーズに行うかなめとしての役割が期待されている。

特に各主任が「指導・助言」の職務を果たすためには，主任の教育専門職としての力量が求められる。各主任の指導助言は，教員相互の啓発，情報の共有，意欲の向上等を促進し，ひいては一人一人の教職員の資質向上に寄与するところが大きい。

従って，各主任にはその使命を果たすために，教育専門職としての資質を身に付け，多くの教職員をリードするリーダーシップを発揮することが求められる。

そのために，各主任は，日頃から多くの教職員に信頼されていることが，役割を果たす上で何よりも大切になる。

主任教諭と同じく，2000年4月から指導教諭を設置することが認められた。

指導教諭は，一般の教諭に対して教育指導の改善・充実のために指導及び助言を行う職である。（学校教育法第37条第10項）

第4章 教諭の教育活動の実際

1. 学級(ホームルーム)担任の職務

「**学級**」[class]という用語は，通常小学校・中学校に関して使われ，「**ホームルーム**」[homeroom]は高等学校で使われている。

小学校及び中学校学習指導要領の「特別活動」では，学級活動[classroom activity]，学級担任[class charge]などの用語が使われており，高等学校学習指導要領の特別活動では，ホームルーム活動，ホームルーム担任という言葉が使われている。

❶ 学級活動の役割

学級・ホームルームはともに，学校における同年齢の児童・生徒の生活の単位組織として，児童・生徒の様々な活動の基盤としての役割を果たす場である。具体的には，学級や学校での生活をよりよくするための課題を見出し，解決するために話し合い，合意形成し，役割を分担して協力して実践する場である。また，学級での話し合いを生かして自己の課題の解決及び将来の生き方を描くために意思決定し実践する場でもある。

すべての学年において，次の各活動を通して，それぞれの活動の意義及び活動を行う上で必要となることについて理解し，主体的に考えて実践できるよう指導する。

(1) 学級や学校における望ましい生活づくりへの参画
(2) 個々の児童・生徒の適応や成長及び健康安全な生活の実現
(3) 個々の児童・生徒のキャリア形成とその実現

高等学校の学習指導要領に基づく，ホームルーム活動の内容の概要を示す。

1. 学級(ホームルーム)担任の職務　**65**

（1） ホームルームや学校における集団生活づくりへの参画

　学校における多様な集団生活の向上，ホームルームや学校における生活上の諸問題の解決，ホームルーム内の組織づくりと役割分担など，校内におけるよりよい集団生活の形成や運営，向上に関する活動など。

（2） 日常の生活や学習への適応と自己の成長及び健康安全

　男女相互の理解と協力やコミュニケーション能力の育成，国際理解・国際交流などの多様性を尊重した望ましい人間関係の形成や社会参画，青年期の不安や悩みとその解決，心身の健康と健全な生活態度，生命の尊重と安全な生活態度，規律ある習慣の確立など，生徒個人の適応や成長及び健康安全に関する内容など。

（3） 一人一人のキャリア形成と自己現実

　学校図書館の利用など，学びと社会生活・職業生活の接続と自己理解，ボランティア活動の充実や勤労観・職業観の体得，社会的移行への対応など，自己のキャリア形成と実現に関する内容など。

　なお，ホームルーム活動については，学校や生徒の実態に応じて取り上げる指導内容の重点化を図るようにする。また，個々の生徒についての理解を深め，信頼関係を基礎に指導を行うとともに，指導内容の特質に応じて，教員の適切な指導のもとに，生徒の自発的，自治的な活動が助長されるように配慮して指導する。

　これらの内容に配慮しつつ，年間指導計画に従って，ホームルーム独自の指導計画を立案して経営にあたる。

　ホームルーム活動については，主としてホームルーム毎にホームルーム担任の教員が原則として指導するが，活動の内容によっては他の教員などの協力を得るとよい。

　また，学級活動では，生徒指導の機能を十分に生かすとともに，教育相談や進路相談についても，生徒及び保護者との連絡を密にし，適

切に実施できるようにする。

学校生活への適応や人間関係の形成，教科・科目や進路の選択などの指導にあたっては，ガイダンス[guidance]の機能を充実させて指導する。更に，人間としての在り方生き方の指導は，ホームルーム活動を中心として，特別活動の全体を通じてするとよい。

小・中学校では，学校給食を実施している場合には，その場の活用も大切である。

❷ 学級経営と学級担任の役割

学級経営[classroom management]は，生徒の人格形成，学力の向上，心身の健全な発達などの学級目標を実現するために行う，意図的・計画的・組織的な営みである。

学級担任の役割には，学級目標の実現，学業生活の充実などのホームルーム活動を中心とする特別活動の指導，学級事務[class business]などがある。

学級目標は，学校の教育目標，学年の指導目標，生徒の実態，そして生徒や保護者の願いを受けて，担任教員が独創性をもって決めるか，あるいは生徒と話し合いながら決定して掲げるものである。

学級目標の内容は，学級集団と生徒一人一人の努力目標や到達目標であり，実際には理想とする学級像・人間像に関するものが多い。

例えば，人間像としては，a) がまん，やりぬく，がんばる，b) 友情，協力，思いやりなどのように幾つかのタイプが考えられる。

このように学級目標もまた，校訓や学校の教育目標と密接な関係をもつものである。学級経営は，学級の「経営」であるから，計画・実施・評価が必要であり，計画や評価をすることで進歩が期待できる。

評価の内容としては，学級目標の立て方，集団生活の充実，生徒理解，学業生活の充実など学級活動の指導，家庭との協力関係は適切であったかなどがある。また，生徒の自己評価は，生徒自身の進歩と学級経営の改善に役立てられる。

1. 学級（ホームルーム）担任の職務　　67

❸ 特別活動の領域と学級担任の仕事

　特別活動は，学級・ホームルーム活動，児童会・生徒会活動，部・クラブ活動，学校行事から構成され，それぞれ構成の異なる集団での活動を通して，児童・生徒が学校生活を送る上での基盤となる力や社会で生きて働く力をはぐくむ活動として設定されている。

　ここでは，学習指導要領の特別活動[extra activity]の領域で示された学級活動以外の内容について取り上げる。

(1) 生徒会活動（小学校は児童会活動）への参加

　生徒会活動は，学校の全生徒をもって組織する生徒会において，学校生活の充実や改善向上を図る活動，生徒の諸活動についての連絡調整に関する活動，学校行事への協力に関する活動，ボランティア活動[volunteer work]などが行われる。

　生徒会活動は，生徒指導部の担当教員が顧問となって，学校全体の指導計画の立案や運営がなされるが，担任としても常に関心をもって，学級代表委員などを適時適切に指導して，生徒の自発的，自治的な活動が展開されるよう配慮する。

(2) 学校行事への参加

　学校行事は，全校若しくは学年又はそれらに準ずる集団を単位として，学校生活に秩序と変化を与え，集団への所属感を深め，学校生活の充実と発展に資する体験的な活動を行うものである。

　その場合，学校や地域及び生徒の実態に応じて，各種類ごとに行事及びその内容を重点化するとともに，行事間の関連や統合を図るなど精選して実施することが大切である。

　また，実施にあたっては，幼児・高齢者，障害のある人々との交流や自然体験や社会体験などを充実するよう工夫する。

　なお，入学式や卒業式などにおいては，その意義を踏まえ，国旗を掲揚し，国歌を斉唱することが義務付けられているので，十分に留意する必要がある。

　学校行事の内容には次のものがある。

1) 儀式的行事

　学校生活に有意義な変化や折り目を付け，厳粛で清新な気分を味わい，新しい生活の展開への動機付けとなるような活動…入学式，卒業式，周年行事など

2) 学芸的行事

　平素の学習活動の成果を総合的に生かし，その向上の意欲を一層高めるような活動…学芸会，合唱祭，演劇発表会など

3) 健康安全・体育的行事

　心身の健全な発達や健康の保持増進などについての理解を深め，安全な行動や規律ある集団行動の体得，運動に親しむ態度の育成，責任感や連帯感の涵養，体力の向上などに資するような活動

…交通安全教室・健康づくり講演会，運動会，マラソン大会

4) 旅行・集団宿泊的行事

　平素と異なる生活環境にあって，見聞を広め，自然や文化などに親しむとともに，集団生活の在り方や公衆道徳などについての望ましい体験を積むことができるような活動

…遠足，修学旅行，校外見学など

5) 勤労生産・奉仕的行事

　勤労の尊さや創造することの喜びを体得し，職業観の形成や進路の選択決定などに資する体験が得られるようにするとともに，ボランティア活動など社会奉仕の精神を養う体験が得られるような活動

…職場見学，就業体験，老人施設訪問，身障学校訪問など

　これらの指導計画の作成にあたっては，学校の創意工夫を生かすとともに，学校の実態や生徒の発達段階及び特性等を考慮し，教員の適切な指導のもとに，生徒による自主的，実践的な活動が助長されるようにする。

　その際，ボランティア活動や，就業体験[starting work experience]

など勤労に関わる体験的な活動の機会をできるだけ取り入れるとともに，家庭や地域の人々との連携・社会教育施設等の活用などを工夫する。

　教員にとってホームルーム担任になることは，将来を担う児童・生徒一人一人の特性を伸ばすための集団づくりに大きな責任をもつことになる。また，教科を担当し学習指導を行うことだけでなく，学級（ホームルーム）の諸活動を通して児童・生徒の健全育成を図ることも，教員としての重要な役割である。

　最近の児童・生徒は，家庭や友人との人間関係，社会の動きや様々な情報などの影響を受けているので，表面的な理解や指導だけでは対応しきれない。特に，学校生活に適応できず，そのことを相談できず思い悩んでいる場合などは，学級担任の対応が極めて重要になる。

　学級担任は，児童・生徒一人一人を確実に理解し，適切な個別指導を行い，教員と児童・生徒との間に親密で望ましい人間関係を築くことが望まれる。

　その際，受容的な態度で接しながらも，単に物分かりのよい大人として接するのではなく，児童・生徒が自らの将来を主体的に選択する力を身に付けることができるよう様々な選択肢を提供したり，学級における自己の役割を明確にし，責任を果たせるように助言したりするなどして，一人一人の児童・生徒の特性に応じた支援や指導を粘り強く行うことが大切になる。

　また，児童・生徒に対して，常に愛情をもち公平な態度で接すること，きめ細かい観察を行い，継続的な指導ができるよう情報を整理すること，保護者との連携もきめ細かく行い，ことある毎に親身になって対応することなどが重要である。

　更に，学級担任の教員は，自ら人格を磨き，広い視野と大きな心をもち，温かさと厳しさの両面を兼ね備えた指導力を身に付けておきたい。

❹ 学級（ホームルーム）の年間指導計画

　学級は，児童・生徒の基礎的な生活集団として，生活に関わる問題などを自主的に解決し処理していく場であり，児童・生徒会活動，部

活動，学校行事等に関わる活動の基盤となる。

その活動にあたっては，児童・生徒の自主的・自発的な活動を尊重することを基本とする。学級活動はとかく放任に陥ったり，自信のないその場しのぎの指導になりがちなので，放任に陥らず，押し付けにも陥らない指導の在り方を工夫したい。

このため，教員は年間指導計画を作成して，望ましい集団活動が展開されるよう指導することが大切である。

1)　児童・生徒理解の深化

学級担任として，児童・生徒の内面を理解し，学校内外での生活の実態を把握できるよう，日頃から児童・生徒との人間的な触れ合いを深めることが大切である。

2)　家庭との連携

担任と児童・生徒及び児童・生徒相互の信頼と協力の関係を確立していくために，学級においては，基本的な生活習慣を定着させ，個々の児童・生徒の能力を伸長させることなどを基本として，望ましい人間関係がはぐくまれるような集団づくりをめざすことが必要である。

また，児童・生徒一人一人が学級活動に意欲的に参加できるように配慮することが大切である。

このため，家庭との連携を密にしたり，学年主任や先輩の教員に相談するなどして指導を改善していく。

3)　共感的な理解をもとに指導助言する

生徒一人一人の個性を理解し，その個性に応じた指導を進めるには，生徒理解のための資料が必要であり，学業成績，生育歴，友人関係，性格，適性検査などに関する種々の資料を備え，生徒指導に役立てる。

生徒の個性や個人の問題を深く理解するには，個人面接が役立つ場合が多い。面接法で生徒本人や保護者などから話を聞くとき，教員自身が共感的な態度で接することが大切である。教員は面接にあたり，一方通行の指導助言に陥らないよう，また，批判的な態度ではなく，許容的，受容的な態度で臨むことが大切である。カウンセリングマインド[counseling mind]を活用することも有効である。

❺ 学級事務の業務内容

　毎年4月に始まる新年度に向けて，その前年度に，学級事務[class business]，学年事務の準備作業が開始されている。例えば，入学試験，合格発表，入学手続き，新入生説明会や入学式の準備，クラス分け，ホームルーム担任予定者の打合せ会など，多くの業務が行われている。

　更に，年間計画に従って，遠足や移動教室の交通手段，費用などについて学年担任団で協議することも業務に含まれている。これらの協議，決定には，校長や事務長なども関わる。

　新しい第1学年の場合は，担任団と事務室，教務部，生徒部などの各分掌組織との共同作業が多い。もちろん上級学年にとっても，翌年度の準備作業が重要である。

　新学期が始まる4月から，翌年の3月まで，各学級担任にとって，教務部をはじめ他の分掌との関連事務，公簿の整理，家庭との連絡など，それらの学級事務内容は多い。従って，ホームルーム担任一人で処理するのでなく，学年会での打合せや各分掌組織との連携の中で，役割分担をしながら学級事務を適切に処理していくことが大切である。

▌2. 教科指導の課題 ▌

　教員の多様な業務の中で，最も重要なのは，自分が専門とする教科の指導である。教員は，自分の教科の専門家としての知識や技能を身に付けた上で，子供たちを理解しその期待を裏切らないことが大切である。

　つまり児童・生徒の望む魅力ある教員は，専門とする教科指導[subject guidance]の力量がある上に，自分たちのことをよく理解して自在に指導してくれると同時に，悩みや苦しみを自分のこととして受けとめ，認め励ましてくれる，人間味豊かな教員である。

❶ 教科指導のねらい

　教育課程は，小学校・中学校では，教科，特別の教科道徳，特別活動，総合的な学習の時間の4つ，高等学校は，教科，特別活動，総合

的な探究の時間の3つで構成され，それぞれが学校教育目標の達成を
めざし，相互に有機的に機能することが求められる。

中でも，教科指導は，各学校段階の最重要領域であり，学習指導要
領によって設定されている各教科・科目の目標の達成をめざし作成さ
れた年間指導計画に従って行われている。

各教科指導にあたっては，基礎的・基本的な内容の確実な定着を図
り，個性を生かす学習指導を行う。特にそれぞれの教科の学習指導は，
その他の教育活動にも配慮しながら，一人一人の生徒が意欲的に学習
に取り組み，自らの学業生活の改善と向上を図るように援助・指導す
ることが大切である。

良い授業とは，誰にとっても「よく分かる授業」であり，そのために
は児童・生徒一人一人に配慮し，興味・関心・意欲を高め，理解を深
めさせる方法を創意工夫し，児童・生徒が学ぶ喜びや分かる喜びを実
感できる授業である。

具体的には，児童・生徒の主体的な学習の場面を多くして興味関心
を高める工夫をしたり，課題研究的な学習の拡大やティーム・ティー
チングなど，多様な学習形態を取り入れることが求められている。

最近，教師による一方的な講義形式の授業でなく，児童・生徒の
「主体的な学び，対話的な学び，深い学び」で構成されるアクティブ・
ラーニング[Active Learning]が注目されている。

「主体的な学び」とは，学ぶことに興味や関心をもち，自己のキャリ
ア形成の方向性と関連付けながら，見通しをもって粘り強く取り組み，
自己の学習活動を振り返って次につなげられる学び方である。

「対話的な学び」とは，児童・生徒の協働，教職員や地域の人との対
話，先哲の考え方を手掛かりに考えること等を通じ，自己の考えを広
げ深める学び方である。

「深い学び」とは，習得・活用・探究という学びの過程の中で，各教
科等の特質に応じた「見方・考え方」を働かせながら，知識を相互に関
連付けてより深く理解したり，情報を精査して考えを形成したり，問
題を見出して解決策を考えたり，思いや考えをもとに創造したりする
ことが実現できている学び方である。

2．教科指導の課題　　73

従来から実践してきている，発見学習，問題解決学習，体験学習，調査学習なども含まれ，グループ・ディスカッション，ディベート，班学習等も有効なアクティブ・ラーニングの手法である。

このように，「主体的・対話的で深い学び」に向けた授業改善を行うことで，学校教育における質の高い学びを実現し，児童・生徒が学習内容を深く理解し，自ら学ぶ資質・能力を身に付け，生涯にわたって能動的(アクティブ)な学びを身に付けさせる必要がある。

また，評価法を工夫し，新しい学力観を踏まえ，客観的，総合的な評価に努める。その場合，結果だけでなく，指導の過程での評価や自己評価を取り入れ，知識・技術だけでなく，関心・意欲・態度などの情意面の評価にも工夫することが大切である。

(1) 各教科の年間指導計画

各教科の年間指導計画[instructional planning during year]は，各学校において担当教諭が教科の主任を中心にして，学習指導要領に従い，1年間の見通しをもって立案した計画で，当該生徒の知識・技能・態度などそれぞれの教科の目標を達成させるための計画である。

この年間指導計画に基づいて，月別，週別指導計画や毎時の指導計画としての学習指導案[lesson plan]などがつくられる。

良い授業を成立させるためには，学習目標や指導のねらいを明確にし，その教科としての特質に配慮し，生徒の実態に応じて学習形態を工夫した学習指導案の作成が不可欠である。

(2) 教材研究の要点

教員としての力量が問われるのは，何といっても授業の場面である。児童・生徒が学ぶ意欲を高め，確かな学力を身に付けていくためには，教員自身が十分に教材研究[teaching material research]を行い，自信をもって授業を展開することが必要である。

児童・生徒は，常に教員を厳しく見つめており，教材研究が不十分で，工夫のない授業には，ついてきてはくれない。

教材研究には，過去の授業研究報告等を調べたり，経験の豊かな教員から学んだりすることも含まれる。

児童・生徒の実態に合わせて，常に工夫・改善を加えながら，満足

することなく研究を重ねる心構えが必要である。

　良い授業を行うためには，事前に教材研究を深め，その成果を指導計画の立案に生かすことは欠かせない。

　そこで授業に先立つ教材研究では，指導計画や指導目標に照らして，教科書や副教材・教具や関係資料など，必要な教材について研究し，活用する必要がある。また，教材の内容をよく理解し，教える内容や構造を明らかにしておきたい。

　しかし，それだけでは不十分であり，授業の主体である子供たちの学習状況などの実態を把握する研究が欠かせない。

　特に，児童・生徒たちの実態を踏まえ，指導法を工夫したり，教材に対する「発問」「つまずき」など，子供の思考・考え方を具体的に予想し仮説を立てるなど，その対応の仕方を準備し，子供の立場に立って教材研究にあたる必要がある。

❷ 学習指導案の作成

　学習指導案は，実施する授業の指導過程を具体的に提示した指導計画である。この指導案は，校種や教科や子供の発達段階や作成するねらいにより多様であるが，ここでは教育実習に活用できるような，一般的な指導案について述べる。

　作成にあたっては，次の3点に留意する。

(1) 本時の授業は，題材や単元全体のどこにあたるかを明確に位置付ける。

(2) 教材の構成と子供たちとの対応を組み合わせ，授業の流れを決める。

(3) 授業に対する見通しと仮説を立てその対応策を準備する。学習指導案の形式の例を次ページに示す。

　ここで注意することは，一時間の指導目標の展開にあたり，指導の過程における児童・生徒の学習活動の流れに配慮することである。

　具体的には，「導入・展開・まとめ」といわれる各段階の学習内容に応じて，学習活動と学習形態が，児童・生徒主体の場として，できるだけ生かせるように工夫することが大切である。

2. 教科指導の課題　75

```
          第○○学年○組　　○○○学習指導案
              平成○年○月○日(○曜日)　○校時　○場所
                        指導者氏名○○○○○　　印
1　単元　題材名
2　題材の設定の理由
3　目標
4　指導計画
      (1)………………総時間数(○○)
      (2)………………時間数(○○)本時は，第○○時
5　本時の目標
6　準備(資料)
7　指導の展開
```

指導過程	時間	指導項目	指導内容(学習活動)	指導上留意点
導入	5分			
展開	40分			
まとめ	5分			

```
8　評価の観点，備考
```

学習指導案の一例

　例えば，グループ活動をどこで行い，どの段階で実験をし，どこで資料を提示するかということを明確にしておく必要がある。

　更に，考えを誘発する発問と助言の仕方，教材・教具の活用(パソコン・VTR・プロジェクタ・電子黒板)などについても十分配慮する。

　また，黒板の使い方も大切である。板書する事項や子供たちに黒板で解答させたりする活動も，授業の始まる前にあらかじめ検討しておくとよい。

　そして，最後に，授業目標が達成できたか，子供たち一人一人についてその確認をする必要がある。

「まとめ」で評価をしたり，小テストで理解度をチェックすることなども一つの方法である。

教員は，毎時の授業を日々評価し，反省し，改善に努めることが必要である。

❸ 教科指導の改善の視点
(1) 基礎学力の診断とその定着指導

児童・生徒の入学時の実態把握の一つとして，基礎学力を調査することも多い。その目的は，基礎学力の定着度を正しく把握し，必要があれば補足的な指導を充実させたり，習熟度別指導を取り入れるなどの対応を考える資料とするのである。また毎年，同じ問題を出題して，基礎学力の経年の変化が分かる資料を作成し，学校教育目標や教育課程の編成に生かすとよい。

児童・生徒の基礎学力の定着度を把握するためには，定期的に試験を実施して，そのデータを活用して，各教員は教科指導の改善の視点を自ら明らかにする必要がある。

また，個別指導にあたっては，学級担任の協力を得て，共通理解の上で，家庭との連携も図りながら，きめ細かい指導に努める。

学年や学級単位での指導については，学年主任や教科主任を中心として，学年の担任団と教科担任とが合同会議などを定期的に開いて，問題行動を起こす生徒や学業不振の生徒について，その原因などについて議論し，指導の改善策を検討するとよい。

(2) 学習意欲を高める指導

児童・生徒の学習意欲を高めるには，学習者のレディネス，興味，経験などに配慮し，それらにふさわしい教材や学習活動を用意するとか，適度の成功感・成就感を経験させるなど，様々な動機づけの手続きが必要である。

学習意欲を高める方法として，辰野千寿は学習心理学の立場から動機づけを「内からの動機づけ」と「外からの動機づけ」に分けて，それぞれについて，5項目を提示している。

2. 教科指導の課題　　77

1) 内からの**動機づけ**（内発的）[motive on inside departure putting]
* 前に経験し，成功したことのあるものに興味をもちやすい。
* いちばん成功の見込みのあるものに興味をもちやすい。
* 愉快な感じを与えるものに，より多くの興味をもちやすい。
* 本人の能力の水準に合った活動に興味をもちやすい。
* 本人の好奇心を引くものに興味をもちやすい。（知的好奇心など）
2) 外からの動機づけ（外発的）[outside motive departure putting]
* 目的・目標を知らせる方法。（行動目的・到達目標など）
* 成功感に訴える方法。（勉強ができた，こんなに上達した）
* 学習の結果を知らせる方法。（KRまたはフイードバック）
（KR knowledge of result　結果の知識）
* 賞罰を与える方法。（親や教員に誉められたい，認められたい）
* 競争させる方法。（友達に負けたくない，勝ちたい）

この他，「学習意欲の高め方」について，杉村健の次の提案は，指導する教員の側に視点を向けている点で参考になる。

3) 学習意欲の高め方
* 生徒の実態を的確に把握する。（学習習慣・学業成績など）
* 基礎学力を付ける。（下の学年の学習内容・レディネスをもとに）
* 具体的な目標を立てさせる。（上位目標，下位目標，難易度）
* 計画は必ず実行させる。（実現可能な計画を設定させる）
* 適切な課題を与える。（「できた」という成就感を味わわせる）
* 授業に工夫を凝らす。（分かる授業の展開，指導方法の工夫）
* 教員の力量を高める。（教員の熱意と識見，研修の重要性）
4) 指導上の留意点
第1は，生徒の個性，能力，適性，進路に応じた指導を心掛ける。
第2は，「やる気」を育てるよう心掛ける。

生徒の特性に配慮しながら「やる気」を起こさせることが何よりも大切である。生徒の心に，やる気を育てるには，分かる授業，分かる喜び，内からの動機づけ，学習習慣などが重要な要素となる。

❹ 児童・生徒理解に基づく教科指導

　教員として，教材研究がいくら優れていても，児童・生徒理解の手法や上手な話し方が身に付いていなければ，その成果を授業に生かせない。そこで教員は，カウンセリングマインドなどの手法や話し方や子供たちとの接し方を学び，身に付けておく必要がある。

　教員は仕事上，人前で話すことが多く，児童・生徒に分かりやすく説得力のある話し方が求められる。話す場合，場面に応じた声の大きさや抑揚も大切だが，内容や目的に応じた話し方をするように心掛ける。

　上手な話し方を身に付けるには，日頃から自分の話し方に気を配り，他の教員の話し方に学ぶ姿勢が大切である。

　また，教員のちょっとした言動が，児童・生徒の心を大きく傷付けることもある。

　そうしたことを防ぐには，日常生活において，話し方に注意するとともに，子供との信頼関係を構築し，心の触れ合いを基盤にした人間関係づくりに努める。

▌3.　道徳の指導 ▌

　わが国の教育では，教育基本法に示されている「人格の完成」の基盤となるものが「道徳性」であり，その道徳性を養うことが道徳教育[moral education]の使命である。しかし，歴史的経緯から道徳教育そのものを忌避しがちな風潮があり，他教科等に比べて軽んじられていた。しかし学校では，いじめの問題に起因して，子供の心身の発達に重大な支障が生じる事案や，尊い命が絶たれるといった痛ましい事案まで生じており，このような現状のもと，心と体の調和の取れた人間の育成の観点から，道徳教育の充実を図るとともに，従来の「道徳の時間」が「特別の教科道徳」（「道徳科」）として新たに位置付けられた。2018年度から小学校・中学校で移行措置が始まり，2020年度小学校，2021年度から中学校で全面実施される。

　学校における道徳教育は，「教育基本法及び学校教育法に定められた教育の根本精神に基づき，人間尊重の精神と生命に対する畏敬の念

を家庭，学校，その他社会における具体的な生活の場に生かし，豊かな心をもち，個性豊かな文化の創造と民主的な社会及び国家の発展に努め，進んで平和的な国際社会に貢献し未来を拓く主体性のある日本人を育成するため，その基盤としての道徳性を養うこと」を目標としている。

道徳教育を進めるにあたっては，道徳的実践力を高め，自律や社会連帯の精神及び義務を果たし，責任を重んずる態度や人権を尊重し差別のない社会を実現しようとする態度などを育成する指導を適切に行う。

また，教員と児童・生徒及び児童・生徒相互の人間関係を深めるとともに，家庭や地域社会との連携を図りながら，ボランティア活動や自然体験活動などの豊かな体験を通して児童・生徒の内面に根ざした道徳性の育成が図られるよう配慮する。

さらに，学校における道徳教育は，児童・生徒の発達段階によって当然異なるので，小学校に比べて中学校段階では，「生徒が人間としての生き方について自覚を深め」が加えられている。

さらに高等学校段階では，生徒は自己探求と自己実現に努めるが，選挙権が18歳に引き下げられたことを受けて，国家・社会の一員としての自覚に基づき行動できるような，社会人としての在り方生き方の教育を重視する必要がある。

❶ 道徳教育の内容

学習指導要領に示されている内容は，小・中学校とも「自分自身に関すること」「人との関わりに関すること」「集団や社会との関わりに関すること」「生命や自然・崇高なものとの関わりに関すること」があげられている。ただし，小学校1，2年では，「集団や社会との関わりに関すること」は除かれている。

次に，中学校の道徳の指導内容を示す。

A 主として自分自身に関すること

1 自主，自律，自由と責任

　自律の精神を重んじ，自主的に考え，判断し，誠実に実行してその結果に責任をもつこと。

2 節度，節制

　望ましい生活習慣を身に付け，心身の健康の増進を図り，節度を守り節制に心掛け，安全で調和のある生活をすること。

3 向上心，個性の伸長

　自己を見つめ，自己の向上を図るとともに，個性を伸ばして充実した生き方を追求すること。

4 希望と勇気，克己と強い意志

　より高い目標を設定し，その達成を目指し，希望と勇気をもち，困難や失敗を乗り越えて着実にやり遂げること。

5 真理の探究，創造

　真実を大切にし，真理を探究して新しいものを生み出そうと努めること。

B 主として人との関わりに関すること

1 思いやり，感謝

　思いやりの心をもって人と接するとともに，家族などの支えや多くの人々の善意により日々の生活や現在の自分があることに感謝し，進んでそれに応え，人間愛の精神を深めること。

2 礼儀

　礼儀の意義を理解し，時と場に応じた適切な言動をとること。

3 友情，信頼

　友情の尊さを理解して心から信頼できる友達をもち，互いに励まし合い，高め合うとともに，異性についての理解を深め，悩みや葛藤も経験しながら人間関係を深めていくこと。

4 相互理解，寛容

　自分の考えや意見を相手に伝えるとともに，それぞれの個性や立場を尊重し，いろいろなものの見方や考え方があることを

理解し，寛容の心をもって謙虚に他に学び，自らを高めていくこと。

C 主として集団や社会との関わりに関すること

1 遵法精神，公徳心

法やきまりの意義を理解し，それらを進んで守るとともに，そのよりよい在り方について考え，自他の権利を大切にし，義務を果たして，規律ある安定した社会の実現に努めること。

2 公正，公平，社会正義

正義と公正さを重んじ，誰に対しても公平に接し，差別や偏見のない社会の実現に努めること。

3 社会参画，公共の精神

社会参画の意識と社会連帯の自覚を高め，公共の精神をもってよりよい社会の実現に努めること。

4 勤労

勤労の尊さや意義を理解し，将来の生き方について考えを深め，勤労を通じて社会に貢献すること。

5 家族愛，家庭生活の充実

父母，祖父母を敬愛し，家族の一員としての自覚をもって充実した家庭生活を築くこと。

6 よりよい学校生活，集団生活の充実

教師や学校の人々を敬愛し，学級や学校の一員としての自覚をもち，協力し合ってよりよい校風をつくるとともに，様々な集団の意義や集団の中での自分の役割と責任を自覚して集団生活の充実に努めること。

7 郷土の伝統と文化の尊重，郷土を愛する態度

郷土の伝統と文化を大切にし，社会に尽くした先人や高齢者に尊敬の念を深め，地域社会の一員としての自覚をもって郷土を愛し，進んで郷土の発展に努めること。

8 我が国の伝統と文化の尊重，国を愛する態度

優れた伝統の継承と新しい文化の創造に貢献するとともに，日本人としての自覚をもって国を愛し，国家及び社会の形成者

として，その発展に努めること。

9 国際理解，国際貢献

世界の中の日本人としての自覚をもち，他国を尊重し，国際的視野に立って，世界の平和と人類の発展に寄与すること。

D 主として生命や自然，崇高なものとの関わりに関すること

1 生命の尊さ

生命の尊さについて，その連続性や有限性なども含めて理解し，かけがえのない生命を尊重すること。

2 自然愛護

自然の崇高さを知り，自然環境を大切にすることの意義を理解し，進んで自然の愛護に努めること。

3 感動，畏敬の念

美しいものや気高いものに感動する心をもち，人間の力を超えたものに対する畏敬の念を深めること。

4 よりよく生きる喜び

人間には自らの弱さや醜さを克服する強さや気高く生きようとする心があることを理解し，人間として生きることに喜びを見いだすこと。

❷ 道徳の指導計画の作成と内容の取り扱い

各学校においては，校長をはじめ全教員が協力して道徳教育を展開するため，次に示すところにより，道徳教育の全体計画と道徳科の年間指導計画を作成する。

道徳教育の全体計画の作成にあたっては，学校における全教育活動との関連のもとに，児童・生徒，学校及び地域の実態を考慮して，学校の道徳教育の重点目標を設定するとともに，道徳科の内容と各教科・特別活動及び総合的な学習の時間における指導との関連並びに家庭や地域社会との連携の方法を示す必要がある。

道徳の時間の年間指導計画の作成にあたっては，学級担任が中心となり道徳教育の全体計画に基づき，各教科，特別活動及び総合的な学

習の時間との関連を考慮しながら，計画的・発展的に授業がなされるよう工夫する。

　その際，各内容項目の指導の充実を図る中で，生徒や学校の実態に応じ，小学校ではそれぞれ1・2年，3・4年，5・6年の各2年間を見通した計画とし，中学校では3学年間を見通した重点的な指導や内容項目間の関連を密にした指導を行うよう工夫する。

　更に，各学校においては，特に，規律ある生活ができ，自分の将来を考え，国際社会に生きる日本人としての自覚が身に付くようにすることなどに配慮し，生徒や学校の実態に応じた指導を行うよう工夫する。

　また，悩みや心の揺れ，葛藤等の課題を積極的に取り上げ，人間としての生き方について考えを深められるよう配慮する。

　道徳の「主として人との関わりに関すること」の内容では，生徒が自ら道徳性をはぐくむためのものであり，道徳科の時間はもとより，各教科，特別活動及び総合的な学習の時間においてもそれぞれの特質に応じた適切な指導を行う。

　その際，生徒自らが成長を実感でき，これからの課題や目標が見つけられるよう工夫する必要がある。

　また，道徳科の指導にあたっては，次の事項に配慮する。

(1) 学級担任の教員が行うことを原則とするが，校長や教頭の参加，他の教員との協力的な指導などについて工夫し，指導体制を充実する。

(2) **ボランティア活動**や自然体験活動などの体験活動を生かすなど多様な指導の工夫，魅力的な教材の開発や活用などを通して，生徒の発達段階や特性等を考慮した創意工夫ある指導を行う。

　更に，道徳教育を進めるにあたっては，学校や学級内の人間関係や環境を整えるとともに，学校の道徳教育の指導内容が生徒の日常生活に生かされるようにする必要がある。また，家庭や地域社会との共通理解を深め，授業の実施や地域教材の開発や活用などに，保護者や地域の人々の積極的な参加や協力を得るなど相互の連携を図るよう配慮する。

　生徒の道徳性については，常にその実態を把握して，指導に生かすよう努める必要がある。ただし，道徳科の評価は，「数値などによる評定」は行わないと規定している。

4. 「総合的な学習の時間」の指導

　「**総合的な学習の時間**」は，学習指導要領に設けられ，小・中学校では2002年度から，高等学校では2003年度から実施されている。

　そのねらいは，児童・生徒の実態，地域の実情等を踏まえて，各学校が創意工夫を十分に生かし，横断的・総合的な学習や児童・生徒の興味・関心等に基づく学習など，特色ある教育活動を展開することにある。

　「総合的な学習の時間」における学習活動は，教科のようにその目標や内容が詳細には示されていないので，名称を含めて各学校が創意工夫を凝らして独自に展開することになっている。この時間は，学習指導要領の趣旨を実現するための重要な役割を担っている。

　そこで「総合的な学習の時間」における学習活動の展開には，各学校の主体的対応が必要である。すなわち，教職員一人一人が従来からの教科や特別活動の指導とは異なった対応が必要であり，教育方法の転換や教職員の意識変革が求められる。

　総合的な学習の時間では，探究的な見方・考え方を働かせ，横断的・総合的な学習を行うことを通して，よりよく課題を解決し，自己の生き方を考えていくための資質・能力を育成することをめざす。

(1) 探究的な学習の過程において，課題の解決に必要な知識及び技能を身に付け，課題に関わる概念を形成し，探究的な学習のよさを理解するようにする。

(2) 実社会や実生活の中から問いを見出し，自分で課題を立て，情報を集め，整理・分析して，まとめ・表現することができるようにする。

(3) 探究的な学習に主体的・協働的に取り組むとともに，互いの良さを生かしながら，積極的に社会に参画しようとする態度を養う。

❶ 「総合的な学習の時間」の配慮事項

(1) 自然体験やボランティア活動などの社会体験，観察・実験，見学や調査，発表や討論，ものづくりや生産活動など体験的な学習，問

題解決的な学習を積極的に取り入れる。

(2) グループ学習や異年齢集団による学習などの多様な学習形態，地域の人々の協力も得つつ全教員が一体となって指導にあたるなどの指導体制，地域の教材や学習環境の積極的な活用などについて工夫する。

(3) 他教科等及び総合的な学習の時間で身に付けた資質・能力を相互に関連付け，学習や生活において生かし，それらが総合的に働くようにすること。その際，言語能力，情報活用能力などすべての学習の基盤となる資質・能力を重視すること。

❷ 「総合的な学習の時間」の授業時数

　小学校は，第3学年から学習が始まり，第3・4学年はそれぞれ年間105時間，第5・6学年はそれぞれ年間110時間であったが，2008年度の改訂で3年からすべて70時間に減った。

　中学校は，第1学年は年間70〜100時間，第2学年は年間70〜110時間，第3学年は年間70〜130時間と規定されていたが，2008年度の改訂で，1年50時間，2年と3年は70時間に減った。

　高等学校は，卒業までに105〜210時間（3〜6単位）を標準とし，各学校において，学校や生徒の実態に応じて，適切に配当するものと規定されている。2009年度の改訂以降では特に必要がある場合，2単位も認められるようになった。

❸ 高等学校の「総合的な探究の時間」の取り扱い

　総合的な探究の時間の目標は，横断的・総合的な学習や探究的な学習を通して，自ら課題を見つけ，自ら学び，自ら考え，主体的に判断し，よりよく問題を解決する資質や能力を育成するとともに，学び方やものの考え方を身に付け，問題の解決や探究活動に主体的，創造的，協同的に取り組む態度を育て，自己の在り方生き方を考えることができるようにすることが必要である。この時間の学習活動の内容として，2017年度の改訂で「学習の時間」が「探求の時間」に改訂されその趣旨を踏まえた学習内容が期待される。

1) 国際理解，情報，環境，福祉・健康などの横断的・総合的な課題についての学習活動
2) 生徒が興味・関心，進路等に応じて設定した課題について，知識や技能の深化，総合化を図る学習活動
3) 自己の在り方生き方や進路について考察する学習活動

小・中学校にはない高等学校独自の内容としては，「自己の在り方」や「就業体験」「個人研究」などが取り上げられている。

なお，総合学科においては，「生徒が興味・関心・進路等に応じて設定した課題について，知識，技能の深化，総合化を図る活動」を含めることが規定されている。

職業教育を主とする学科においては，「総合的な探究の時間」における学習活動と同様の成果が期待できる場合においては，「課題研究」と履修の一部又は全部について，相互に代替できることになっている。

❹「総合的な学習（探究）の時間」の評価

総合的な学習の時間の評価については，「教課審答申」の総合的な学習の評価への提言に述べられているように，学習の過程，報告書や作品，発表や討論などにみられる学習の状況や成果，学習の意欲や態度，学習の進歩の状況などを踏まえて行う。また，同時に児童・生徒同士の相互評価や自己評価などを活用することも例示している。

具体的には，この時間において行った「学習活動」を記述した上で，指導の目標や内容に基づいて定めた「観点」を記載し，それらの「観点」の内，児童・生徒の学習状況に顕著な事項がある場合などにその特徴を記載するなど，児童・生徒にどのような力が身に付いたかを文章で記述することが適当であるとしている。

「観点」については，各学校において，指導の目標や内容に基づいて定めることとなるが，例えば，学習指導要領に定められた「総合的な学習の時間」のねらいを踏まえ，「課題設定の能力」「問題解決の能力」「学び方，ものの考え方」「学習への主体的，創造的な態度」「自己の生き方」というような観点を定めたりする。

また，教科との関連を明確にして，「学習活動への関心・意欲・態

度」「総合的な思考・判断」「学習活動に関わる技能・表現」「知識を応用し総合する能力」などの観点を定めたり，あるいは，各学校の定める目標，内容に基づき，例えば，「コミュニケーション能力」「情報活用能力」などの観点を定めたりすることなどが考えられる。

評価は，小学校・中学校では観点別の表記となり評定値は示されない。高等学校も同様だが，学習時間に応じて単位認定をする。

■ 5.　生徒理解と生徒指導 ■

❶ 生徒理解に基づく生徒指導の意義

生徒指導[student guidance]は，教員と児童・生徒の信頼関係及び児童・生徒相互の好ましい人間関係[interpersonal relationship]を育てるとともに，児童・生徒理解を深め，児童・生徒が主体的に判断し，行動し，積極的に自己を生かしていけるように指導・援助することである。

つまり，生徒指導を行う前提には，対象とする児童・生徒の理解を教員は深めておくことが何よりも重要になる。

そこで生徒指導は，学校教育活動のすべての場面において，積極的に一人一人の児童・生徒の人格の発達をめざし，学校生活がすべての児童・生徒にとっても，また学級・学年更に学校全体といった集団にとっても，有意義で充実できるよう指導するのである。

一般的に，「児童指導」の文言は使われず，小学校学習指導要領の総則の「児童の発達を支える指導の充実」の項では，「児童が，自己の存在感を実感しながら，よりよい人間関係を形成し，有意義で充実した学校生活を送る中で，現在及び将来における自己実現を図っていくことができるよう，児童理解を深め，学習指導と関連付けながら，生徒指導の充実を図ること」と述べられているように，生徒指導の文言は小学校，中学校，高等学校を通して共通に使われている。

生徒指導の基本は，その生徒なりに現実の生活を充実させ，人格や能力を望ましい方向に最大限に伸ばすことであり，そのためには，児童・生徒一人一人を深く理解することが必要となる。

生徒理解ができれば，どこを伸ばし，どこを改善すべきかという目

標が明確化し，どんな方法で指導することが効果的であるかという指導の視点も明らかになる。

　生徒理解の観点としては，まず先入観を捨て，児童・生徒をかけがえのない存在として見つめることが大切である。

　次に，生徒の行動を観察し，かつ分析し，その行動の裏側に内在するものを理解することが大切であり，先入観をもっては正しい生徒理解はできない。

　その生徒の性格や家庭での学習状況や友人関係等を正しく把握し，児童・生徒の立場に立ち，その問題の原因を把握する必要がある。

　そのために，カウンセリングマインドなどの手法を身に付け，共感的指導に努める必要がある。

　教員の中には，生徒指導は，生徒指導部の教員や学級担任に任せ，自分の教科の授業でも，教科の内容を教えるだけで，生活指導上の注意などは避ける人もいる。

　これらの教員は，教員本来の職務について理解が欠けており，生徒理解が不十分となり，良い教科指導も期待できない。

　私たち教員は，あらゆる教育活動の場面で児童・生徒に関わり，全力で指導することが求められている。

　一般に，自分の学級の児童・生徒については，他の教員の誰よりも，生徒理解をしているのであり，学級担任の果たす役割は大きくかつ責任もある。

　そこで，何か学級の課題が生じたりすると，自分だけで対応しようとして，かえって対応が遅れ，問題をこじらせたりすることもある。

　だから，学級の課題も，同じ学年団の教員で相互に協力して対応したり，気軽に相談でき，日頃から支援や協力ができる，教員相互の人間関係をつくっておくことが大切である。

　児童・生徒との関係づくりにあっては，学級活動やホームルームの時間だけでなく，教科指導，休憩時間，清掃の時間，部活動などあらゆる機会を活用するとよい。

　現在の学校教育では，小学校の低学年から中学校，高等学校までのすべての段階において，生徒指導の充実が強く要請されている。

学校での生徒指導は，とかく日常の児童・生徒の問題行動の処置に追われ，非行等の対策といったいわば消極的な対症療法的な指導にとどまる傾向がある。

　そこで，今後の生徒指導は，問題行動等を防止する観点を重視して，本来の生徒指導を強化することが求められる。

❷ 生徒との人間関係づくり

　学校における教育機能を充実させるには，信頼感に基づく人間関係が欠かせない。学校での人間関係は，教員と生徒・保護者・地域住民などの関係が存在し，またそれらは複雑に影響し合っているが，学校における生徒指導を推進する上で大切なのは，生徒と教員の日頃からの人間関係づくりである。

　生徒と教員の人間関係づくりの基本は，目の前にいる生徒を最も大切にするという教員の姿勢である。このことは，授業はもちろんすべての教育活動にあてはまる。

　例えば教員は，教員の意向に沿った発言や勉強のできる生徒を重視する傾向がある。望ましい教員は，指名されても答えられずに黙っている生徒のつらい気持ちを理解し，誤った答えでも大切にして，ヒントを出し一緒に考えるなど，個々の児童・生徒を大事にする姿勢を身に付けている。

　このように児童・生徒と教員の人間関係づくりには，子供一人一人をかけがえのない人格者としてとらえ，目の前にいる生徒を最優先するという姿勢に徹することが大切である。

　また教員は，児童・生徒の学業成績が良いと，その子の性格まで良いと判断してしまいがちとなり，逆に問題行動を起こした生徒については，一度悪い印象をもつと，関係ないことまでも不当に悪く評価しがちになる。

　そこで教員は，一人一人の児童・生徒の長所を的確に把握し，肯定的な見方をするように努めることが大切であり，その教員の姿勢や態度は自然に児童・生徒に伝わり，教員を信頼してくれるようになる。この教員の姿勢が，人間関係づくりの重要な要素となる。

更に，児童・生徒のもつ無限の可能性に期待し，あの子にはどんな長所が秘められているのだろうかなど，児童・生徒一人一人に強い関心をもつことも大切である。

教員が，個々の児童・生徒に関心を寄せることなしに，学級の生徒の一人一人を生かすことはできない。

生徒たちは，教員の態度を敏感に感じ，その心も鋭く見抜くものであることを，教員自身がよく自覚して指導する必要がある。

教員と生徒の信頼に満ちた人間関係は，教員と生徒が親子のように互いに心を許し合い，安心して語り合える関係でもある。このような関係をつくるには，教員が自分自身の心を開き，自己を率直に語ることが不可欠である。

特に生徒の中には，子供自身の責任でなく家庭崩壊に遭遇したりして，大人への信頼感がもてず，自分の生きるよりどころが得られずに悩んでいる子供もいる。このような場合，教員自身が自分の成育歴や同年代における体験や苦難の事例などを率直に語ることにより，このような生徒にとって自分の生き方や在り方を見つめるきっかけになる。

教員が自己の心を開き率直に語ることにより，児童・生徒も自分自身を語るようになり，互いの絆は深まるのである。

また，児童・生徒との人間関係は，日頃からの教員の生徒に対する関わり方で決まる。

例えば，教員は，登校や下校時だけでなく廊下や階段などですれ違った生徒に，必ず声をかけたり，生徒が報告に来たときなども，ただその場で対応するのでなく，面倒がらず，必要な場所まで足を運んで，生徒を励ますなどの対応ができる姿勢が大切である。

❸ 叱り方を身に付ける

児童・生徒を叱るとき，感情的になって「怒る」のでなく，児童・生徒が教員に叱られても，「愛情」と受け止められるような叱り方[how to scold]を身に付けたいものである。

子供を叱る際，全体の前で叱ったことが，子供のプライドを傷付け，

教員と子供の信頼関係に深い傷を残すことがある。

　一般的に教員として，児童・生徒を指導する場合，「誉める」ことはたやすいが，「叱る」ことは大変難しい。

　つまり，人は誉められて怒る人はいないように，叱られて喜ぶ人もいない。だから，教員が適時適切な場面での叱り方を身に付けるには，多様な児童・生徒と接し，いろいろな場面での教育指導の体験が必要であり，日常的に率先して生徒指導に関わる仕事に取り組む姿勢が求められる。

　特に新任教員は，できるだけ生徒指導に関わる分掌に積極的に携わり，ベテラン教員の叱り方から学ぶことも必要である。

　叱る場合，どのようなとき(When)，どのような場で(Where)，なぜ叱るのか(Why)を考えてから指導することが大切で，感情的に叱ることは許されない。

　生徒を叱る場合，例えば「君のために先生は，恥をかかされた」という叱り方は教員本位の姿勢であり，「他の生徒に迷惑を及ぼす」という叱り方は目の前の生徒でなく他の生徒を優先する姿勢であり，望ましい叱り方は「君の将来のために許せない」という，目の前にいる生徒を最も大切にする姿勢であり，生徒はこのような教員の姿勢に共感するのである。

　いうまでもないが，体罰は厳禁である。教員は児童・生徒から裏切られることも多々あるが，感情的になり，怒鳴ったり，脅したり，体罰に及ぶ行為は，自らの指導力のなさの証であり，教育指導の否定にもつながる行為であるとの認識をしっかりもつ必要がある。

❹ 体罰は許されない

　学校教育法第11条では，「校長及び教員は，教育上必要があると認めるときは，文部科学大臣の定めるところにより，児童，生徒及び学生に懲戒を加えることができる。ただし，体罰を加えることはできない。」と定め，教育上の必要性により懲戒[discipline]を行うことは認めているが，体罰[corporal punishment]を行うことは禁止している。

　学校教育での懲戒とは，退学，停学，訓告等の法律に基づく処分で

ある。

　しかし現実的には，問題行動を起こした生徒に対して，校長が懲戒にあたる退学処分を言い渡す事例は少ない。

　一般には，各学校が教育目的を達成するために，法的措置によらない教育的措置として，特に高等学校では，生徒に自宅謹慎や進路変更などの教育指導が行われている。

　ここで注意することは，懲戒は認めているが，「体罰を加えることはできない」とはっきり禁止していることである。

　教員は，児童・生徒に対し懲戒を加える必要があったとしても，それは体罰によってはならない。

　体罰の定義については，法務庁の見解が1948年（昭和23年）に示されており，「体罰とは，**懲戒**の内容が身体的性質のものである場合を意味する。すなわち，身体に対する侵害を内容とする懲戒『なぐる・ける』がこれに該当することはいうまでもないが，被罰者に肉体的苦痛を与えるような懲戒もまたこれに該当する。たとえば端坐（正座），直立等，特定の姿勢を長時間にわたって保持させるというような懲戒は体罰の一種と解せられなければならない」としている。

　教員自身は，体罰を教育目的の認識で行ったと主張しても，児童・生徒に大きな心の傷を負わせたり，身体的な傷害を与えた事例も多く発生し，傷害事件や人権侵害として教育委員会より処分された事例も多い。

　更に体罰を受けた児童・生徒は，その行為を教員の単なる暴力や屈辱として受け止める。体罰は，暴力容認の態度を子供たちに植え付けることにもなる。

　また，学校での弱い者に対する「いじめ」なども，体罰が影響しているとの指摘もある。

　つまり，体罰は，児童・生徒の人権を侵害する行為であり，人権尊重の精神をはぐくむべき教員が自らその職責に反していることになる。

　体罰という違法な手段によって指導するのでなく，生徒と教員の信頼関係を基盤に，話し合って理解し合える関係づくりに，教員は全力を傾注する必要がある。

5.　生徒理解と生徒指導　　93

❺ 児童の権利に関する条約

わが国では，1951年（昭和26年）5月5日に「**児童憲章**」[Children's Charter]が，憲法の精神を受けて，子供の教育と福祉に関する権利宣言として制定され，子供を親の私有物や国家の管理対象とする考えを否定し，一人の人間として尊重することを求めている。

国際的には，1989年（平成元年）11月の国連総会において「児童の権利に関する条約」[Convention on the Rights of the Child]が全会一致で採択され，わが国においては1994年（平成6年）4月に批准され，翌5月から発効した。

この条約は，各国が，すべての児童の人権を尊重し，子供たちの福祉の促進に取り組むと同時に，社会のあらゆる場において人権尊重の精神を身に付けた児童の育成を推進することを求めている。

各学校に対しては，人権尊重の教育と人格の完成をめざし，児童・生徒の個性を生かした教育の実現を期待している。

そこで，教員は，日々の教育活動を見直し，人権尊重の教育の推進とともに，子供たちがお互いの関わりの中から，豊かな人格をはぐくむ学校づくりに努める責任がある。

「児童の権利に関する条約」の主な内容は次のとおりである。

＊　人はだれも差別されない。（第1・2条）

＊　子供にとって何が最も良いことかを考える。（第3条）

＊　子供の生命はかけがえのないものである。（第6条）

＊　保護者には子供を適切に指導する責任，権利，義務がある。（第5・18条）

＊　自由に意見が言える。（第12条）

＊　いろいろな方法で表現できる。（第13条）

＊　思想・良心・宗教の自由が尊重される。（第14条）

＊　グループをつくること集会に参加することができる。（第15条）

＊　自分の生活などに対する不法な干渉から守られる。（第16条）

＊　暴力・虐待・不当な扱いから守られる。（第19条）
　　＊　健やかに成長するために必要な保護や援助が受けられる。
　　　（第20条）
　　＊　障害のある子供は手厚く守られ援助される。（第23条）
　　＊　どんなときでも可能なかぎり健康な生活を送ることができ
　　　る。（第24条）
　　＊　子供の学習は大切にされ一人一人の個性が尊重される。
　　　（第28・29条）
　　＊　それぞれの民族の文化・宗教・言語が尊重される。（第30
　　　条）
　　＊　遊びやレクリエーションを楽しむ権利がある。（第31条）
　　＊　成長に有害な労働から守られる。（第32条）
　　＊　麻薬や性的虐待などから守られる。（第33・34条）

　なお，教員としては，これらの事項を心にとどめておき，あらゆる
教育活動の場面で生かすように努めることが大切である。

■ 6.　進路指導の意義と役割 ■

　学校教育の目的や目標は，「教育基本法」「学校教育法」に明示されて
いるが，それを受け中学校の進路指導[career guidance]については，
学校教育法第21条第10項において，「職業についての基礎的な知識と
技能，勤労を重んずる態度及び個性に応じて将来の進路を選択する能
力を養うこと」とされている。高等学校に関しては，同法第51条第2
項で「社会において果たさなければならない使命の自覚に基づき，個
性に応じて将来の進路を決定させ，一般的な教養を高め，専門的な知
識，技術及び技能を習得させること」と明示し，個性に応じて将来の
進路を選択決定する能力を育成することを重要な目標としている。
　ここでは，主に高等学校に関する進路指導について概要を述べる。
　教育課程の基準である学習指導要領において，進路指導が位置付け
られたのは，1960年（昭和35年）の改訂以降である。

6.　進路指導の意義と役割　95

すなわち，1947年（昭和22年）以降学習指導要領はおよそ10年間隔で8回の本格改訂（途中3回の部分改訂あり）を経て，「ホームルーム」の中で進路指導を取り扱うこととされ，やがて「**職業指導**」[vocational guidance]から1972年（昭和47年）の改訂学習指導要領の総則に，「**進路指導**」への改称等を経て進路指導を行うべきことが明記され，すべての教職員が学校の教育活動全体を通して，すべての生徒を対象に，組織的・計画的・継続的に進路指導を行うべきことが明示された。続いて，1978年（昭和53年）の改訂において，高等学校教育における進路指導の位置付け，指導内容，指導の場，時間，指導者などが一層明確化された。学校における進路指導は，生徒の個人資料，進路情報，啓発的経験および相談を通して，生徒自ら，将来の進路の選択・計画をし，就職または進学をして更にその後の生活によりよく適応し，自らの能力を伸長できるように，教員が組織的・継続的に指導・援助することとされている。

　このことは，教員の組織的・継続的な指導・援助を通して，個々の生徒の主体的な進路の選択力・計画力と適応力を育成するところに究極的なねらいをおく教育活動といえる。

　そこで，生徒の一人一人が自分の将来の生き方や在り方への関心を深め，自分の能力・適性等の発見と開発に努め，進路の世界への知見を広くかつ深いものとし，やがて自分の将来の展望をもち，進路の選択・計画をし，卒業後の生活によりよく適応し，社会的・職業的自己実現を達成していくことをめざしている。

　このことは，卒業学年での進学指導や，就職の斡旋だけではなく，生徒の主体的な生き方や進路の選択，および適応に関する能力や態度を伸長させる援助の活動がその中心となるべきことを示していて，またその理念は，学校教育法に掲げられている精神を受けたものである。

　つまり，個々の生徒が，それぞれの個性（能力・適性等）について理解を深め，伸長し，主体的に自らの**生き方**や**在り方**を考え，職業観を確立するとともに，自己をよりよく生かせる進路を選択決定して，卒業後の生活に適応し将来充実した職業生活により幸福な人生を送れるよう自己実現を援助するところに，進路指導の意義・目的がある。

❶ 個性重視の進路指導

　初等中等教育の教育内容の在り方，学校における進路指導等に関しては，近年次のような各提言が行われてきた。

1) 1985年（昭和60年）2月，理科教育及び産業教育審議会答申では，「高等学校の進路指導については，生徒の卒業後の進路が一層多様になってきたことにかんがみ，生徒に職業等に関する幅広い情報を収集させ，将来の進路に対する関心と自覚を持たせながら，主体的に自己の進路を選択決定できる能力を育てるようにする必要がある。」と進路指導の充実について指摘している。

2) 1987年（昭和62年）8月までに出された，臨時教育審議会の諸答申では，今後の教育の在り方を検討する際の視点として，「個性重視の原則，生涯学習体系への移行，変化への対応」の3点が示された。また，中等教育段階での「生き方」の指導を重視することとし，進路指導については，「生徒が自己の進路・職業などについて考え，更に，将来に向かってその自己実現が図られるようにするため，進路指導の在り方の改善」を提言した。

3) 1987年（昭和62年）12月，教育課程審議会答申では，改訂のねらいとして，「心の教育の充実，基礎・基本の重視と個性教育の推進，自己教育力の育成，文化伝統の尊重と国際理解の推進」の4項目を示した上で，特別活動をはじめ，学校のあらゆる教育活動を通して，生き方に関する指導や進路指導を一層充実する方向が示された。

4) 1991年（平成3年）4月，第14期中央教育審議会答申では，高等学校教育改革の視点として，「量的拡大から質的充実へ，形式的平等から実質的平等へ，偏差値偏重から個性尊重・人間性重視」の3つの視点が示された。そして，それぞれの個性を生かすために，各学校は弾力的な教育課程を編成し，「学校選択から生徒選択へ」といった大胆な発想の転換の必要性を訴え，これらすべての発想の起点は，個性重視の原則にあるとした。

❷ 1989年改訂の学習指導要領と進路指導

各答申の趣旨を踏まえ，文部省は1989年（平成元年）3月，高等学校学習指導要領を告示した。

総則の冒頭で「自己教育の育成」と「個性を生かす教育の推進」を掲げ，従来どおり「望ましい勤労観・職業観の育成」とともに「奉仕の精神の涵養」を加え，新たに「生徒が自らの在り方生き方を考え，主体的に進路を選択できるよう，学校の教育活動全体を通じ計画的，組織的な進路指導を行うこと」との配慮事項（第1章第6款6）を設けているのが注目された。

この配慮事項からもうかがえるように「在り方生き方」教育が，重要な改訂点に位置付けられている。すなわち，「在り方生き方」の指導の一環として進路指導が位置付けられた。

このことは，従来の指導が，卒業学年での就職斡旋や上級学校への受験対策的指導に傾斜しがちな実態であったのに対して，その是正への強い要望の表れでもある。

次に，特別活動の目標は，従来のそれに新しく「人間としての在り方生き方についての自覚を深める」内容が加えられたが，これは自己の進路を，将来の生き方との関係でとらえられるように学習させるためである。

またそれに基づいて，「自己を生かす能力を養う」こと，つまり自己実現能力の育成が掲げられており，これが進路指導と深く関わっている。

特別活動のねらいを達成するための中心的な場が，ホームルーム活動であるが，そこでの活動内容としては，

(1) ホームルームにおける集団生活の充実と向上に関すること
(2) 個人及び社会の一員としての在り方生き方に関すること
(3) 将来の生き方と進路の適切な選択決定に関すること

これらの活動のうち(2)に例示されている内容例の「自己の個性の理解」は，生徒の将来の生活における自己実現を図るための基盤になるもので，同時に，ホームルーム活動における指導の出発点である。

(3)の内容例としては，「進路適性の理解」，「進路情報の理解と活用」，

「望ましい職業観の形成」,「将来の生活の設計」,「適切な進路の選択決定」,「進路先への適応」が示されて指導の充実が図られている。

　従来の学習指導要領に対して,「望ましい職業観の形成」と「将来の生活の設計」という点が新たに加えられ,単に高等学校卒業後にどんな進路先を選択するかという問題だけでなく,その選択の根底をなす「将来どのように生きるかという価値観的な立場からの問題」を,ホームルーム活動の内容として十分に取り上げて学習することの必要性が強調されている。また,学校行事の中に,「勤労生産,**奉仕的行事**」が新設されたが,これは「職業観の形成や進路の選択決定などに資する体験」を目的とするもので,将来の生き方に関わる広い意味での進路指導そのものである。

　これからの高等学校における進路指導は,人間としての生き方の指導が重視されている中で,単に上級学校へ合格させることや,希望の企業に就職させることだけでなく,生徒に将来の進路に対する目的意識を育て,生涯にわたってその実現を図ることをねらいとし,生徒が将来職業を通してどう生きるかという「生き方」に関する指導と,個性重視の推進を中核として,すべての学校教育活動の場において展開することが求められている。

❸ 1999年度改訂学習指導要領と進路指導

　ホームルーム活動における進路指導の位置付けは変わりなく,その重要性は一層高まったといえる。そのホームルーム活動の内容は,「学校生活の充実と向上に関すること,個人及び社会の一員としての在り方生き方,健康や安全に関すること,学業の充実,将来の生き方と進路の適切な選択決定に関すること」が取り上げられている。

　1999年度の改訂で特筆される点は,「**ガイダンス機能**」[guidance function]を有効に活用することが明記されたことで,その後2009年の改訂に引きつがれている。

　特に,学校生活への適応や人間関係の形成,教科・科目や進路の選択等の指導にあたっては,ガイダンス機能を充実できるように,ホームルーム活動や進路指導の指導計画の立案に配慮することが重要である。

6. 進路指導の意義と役割　　99

ガイダンス機能は，将来の生き方や在り方に基づく進路の選択だけでなく，その前提となる学校生活における，適応指導や自己理解に基づく教科科目の選択にもこの機能を有効に活用することが期待されている。

7. 校務上の学校文書の取り扱い

学校で教員が職務として作成する文書は起案文書といい，公文書[official document]であり，すべて校長の責任のもとに作成される。

従って教科担任として，また学級担任として保護者に通知を出す場合でも，校長の承認を受けて，校長名で通知をする必要がある。

❶ 公文書作成上の配慮事項

教員が，校務として各種文書を作成する際には，それが公文書であるということを念頭に，過去に**起案**[draft]された文書などを参考にしたり，副校長（教頭）や事務部の文書取り扱い主任の指導助言を受けて作成する。

学校での文書の取り扱い及び意思決定手続について，各都道府県の教育委員会では「文書管理規程」及び「事案決定規程」などで基本的な事項を定めており，公文書の作成に用いる文の用語，用字，形式等については，同じく「公文書規程」等を参考にする。

教員が文書を取り扱う事務においては，これらの規定に基づき，適切な文書の作成や管理を行うとともに，分かりやすく正確な文書作成に努める必要がある。

ここでいう「公文書」とは，教職員が職務上作成し，又は取得した文書，図画，写真，フィルム及び磁気ディスク等であり，事案決定手続又はこれに準ずる手続（供覧等）が終了し，学校で管理しているものを指す。

特に学校では，指導要録，事故報告書等の作成等にあたって，それらが**個人情報**の含まれる公文書であることに注意し，その作成，管理等を適正に行う必要がある。

学校として個人情報[privacy]を収集する場合は，その目的を明確に

100　第4章　教諭の教育活動の実際

し，目的の達成に必要な範囲で，適法かつ公正な手段により収集する必要がある。また，収集目的の範囲で利用・提供することが大切である。

公文書の起案の一例を次ページに示したが，担任名等は，起案者として明記する。

通知や連絡文書を学校から出す場合，校長の承認を得ないで教員の独断で出すことは許されないが，もし出した場合，何かこの通知等に関して問題が生じた場合，当事者である教員にすべての責任が生じることになる。

そこで，管理者である校長の承認を受けることは，その責任を校長も負うことになり，教員個々の責任は軽減されることにもつながる。

また，提出期限が定められている文書は，余裕をもって準備したり，各種の文書は，整理をして活用しやすいように管理・保管を工夫する。

❷ 文書の作成及び管理にあたっての留意点

(1) **起案文書**（決定案を記載した文書）を作成する。

起案文書には，文書記号・番号・保存年限等の必要事項を記入する。

(2) 決定に際しては，事案の内容に応じて協議が必要な場合は，担当者と協議した後，事案決定者である校長の決定を受ける。

(3) 決定された文書で発送が必要なものは，照会を行い，公印が必要なものは，校長から押印をもらってから発送する。

(4) 完結文書は，分類番号に従ってファイルして，整理・保管する。

❸ 公文書開示と個人情報保護

各都道府県では，情報公開制度として，「公文書の開示等に関する条例」を定めている。この制度では，公文書についての開示請求があれば，開示条例で定めている開示しないことができる公文書以外は，開示することを義務付けている。

一方，個人情報の収集，保管，利用等のすべてにわたる総合的な保護制度として「個人情報の保護に関する条例」も定められている。

この条例においては，東京都の場合は，保有する個人情報について，自己の個人情報を知り，かつ，訂正を求めることができる開示及び訂

正請求権を権利として創設している。

文書記号　第　　号			保存年限		
			処理経過	施行	年　月日
文書取扱		施行上の注意		決定	年　月日
				施行	年　月日
				起案	年　月日
先方の文書　　第　号			収受　年　月　日		
宛先		発信者名　　　公印照合			
決定権者		件名	---------------------		
起案		起案者	審査	課長	主任	文書取扱
審議						
協議供覧						
○○○・・ここに，起案文書の内容を記入する・・・裏も記入できるように白紙になっている。					

起案文書の表紙の概略図例

作成手順

※送付等する文書を作成する。

※この起案書に必要事項を記入する。

※文書番号は事務の台帳にこの件名を記入して取得する。

※文書取り扱い主任の点検を受け，印をもらい，関係する主任，及び副校長(教頭)の押印の後校長の決定印をもらう。

※この起案文書は事務に提出して保管される。

第5章 教員の勤務と服務

1. 学校での勤務

　公立学校教員の**勤務条件**[working condition]は，各都道府県の条例や教育委員会の規則等に定められ，他の日常の服務に関することも，規程等に定められている。

❶ 勤務時間

　公立学校の教員の勤務時間[working hours]は，週40時間勤務であるが，2001年度までは，公立学校では第1・3土曜日には授業があり，その週は44時間勤務となるため，年間を通しては週40時間勤務になるように，土曜日の勤務日の振り替えを長期休業期間等に週休日としてまとめ取りしてきた。

　勤務時間の割り振りについては，各学校の校長が定めることになっているが，一般的には，午前8時30分からの8時間勤務である。しかし，勤務の途中に45分の休憩時間が入るから，実質の在校時間は8時間45分となり，勤務の終了は17時15分である。なお，午前午後とも途中15分の休息時間がとれることになっており，労働基準法[Labour Standards Law]から勤務時間に含めてよい。

　しかし，教員の勤務は休憩時間や授業の合間の休み時間はあっても，児童・生徒への対応もあり，一般の公務員のように昼休みだからといって，職場を離れて休憩をとることはできない。

　また，教員には超過勤務手当などは認められていない。勤務形態の特殊性に基づき，「国立及び公立の義務教育諸学校等の教育職員の給与等に関する特別措置法」により，教員だけに特別手当である教職調整手当(給料の4％)が支給され，一般の公務員よりも給与が高められている。しかしそのためか，教員の自発的で無制限な残業を助長し，

1. 学校での勤務　103

勤務実態も把握しにくい現実がある。

　2017年の文科省による教員の勤務実態調査結果によると，教諭の平均勤務時間は10年前から30分以上増え，小中とも一日平均で11時間を超え，過労死のリスクが高まるとされる月平均80時間以上の時間外労働に相当する教員が中学校で約6割，小学校で約3割に達しているとしている。

　この実態の改善のためには，教員の働き方を見直し，勤務環境を改善することが緊急の課題となっている。つまり，教員の仕事の範囲を見直し，業務量を減らすことが不可欠であり，学校と地域・家庭との役割分担や部活指導員や事務職員，ソーシャルワーカーといった教員以外の人材との連携促進やICT（情報通信技術）を活用した成績処理等の日常業務の負担軽減策が必要になっている。

❷ 一日の勤務

　学校に勤務開始時刻までに出勤したら，まず出動簿に押印することで一日の勤務が始まる。遅刻することのないようする。

　始業前に保護者からの児童・生徒の欠席などの連絡等に対処しなければならないので，出勤時刻を少し早める配慮が必要である。

　当然のことだが，勤務時間中は勤務場所である学校を離れることはできない。公務であっても学校を離れる場合には，校長や副校長（教頭）の許可が必要となる。

　なお，私用で休暇や遅刻や早退をしなければならないときなどは，年次有給休暇をとることになるが，授業など学校運営に支障のないように十分に配慮することが大切である。事前に休暇が分かっていれば，授業のためのプリントを作成しておき，教務部に依頼して，生徒に自習させることができるよう配慮する。

❸ 年次有給休暇と慶弔休暇

　日曜日，祝日等は原則として休みだが，勤務すべき日に私用で勤務しない場合は，年次有給休暇[annual paid leave]をとる。

　年次有給休暇をとる場合は，事前に届け出ることが必要で，授業そ

の他の学校運営に支障のないよう十分に配慮し，児童・生徒に迷惑を
かけることのないように努める。

休日は，日曜日，祝日，毎月の土曜日(2001年度までは，第1・3
週は振り替えている)，夏季休暇5日，年末年始は12月29日～1月3
日である。

年次有給休暇(年20日で残した日数は，次年度に40日以内まで繰り
越せる)，病気休暇(期間に制限があり，長くなると賞与に影響する)，
妊娠・出産休暇(16週)，慶弔休暇，生理休暇，介護休暇，育児休暇(3
才未満の子を養育する者)などの休暇制度が設けられている。

なお，結婚や親族に不幸があった場合には，条例や規則で定めると
ころにより慶弔休暇等が一定期間与えられる。

なお，急病などやむを得ない事情が発生した場合には，速やかに電
話等で校長や教頭の指示を受け，対応するよう心掛ける。

❹ 休業日の勤務

学校には夏季休業日のように長期にわたる休業日や，開校記念日等
の休業日があり，これらの日は授業は行われない。

しかし，休業日であっても日曜日や祝日等のいわゆる休日以外は，
通常の勤務と同様に勤務すべき日なので，原則として学校で勤務する
ことになる。

ただし休業日には学校運営上支障のない場合は，校長の承認を得て，
教材研究等の研修を学校外で行うことができる。

これらの研修は，勤務に代わるもので，校長が認めた研修計画に基
づいて行う必要がある。なお，休業日以外の日には，自宅で研修を行
うことは認められていない。

▌2. 教員人事と給与等 ▌

教員の採用は都道府県教育委員会の教育長が選考により行う。

教員となるためには欠格条項に該当しないこと，教員免許状を取得
していることなど，資格要件を満たしている必要がある。

2. 教員人事と給与等　105

❶ 教員選考と条件付採用

　教員の選考については，「校長の採用並びに教員の採用及び昇任は，選考によるものとし，その選考は(中略)公立学校にあつてはその校長及び教員の任命権者である教育委員会の教育長が(中略)行う。」(教育公務員特例法第11条)と規定している。

　教員に採用されるためには，所定の教科の免許状を有するか，その免許状の取得見込みが確実な者で，下記した教員の欠格事項に該当せず，各都道府県の教育委員会が実施する教員選考に合格する必要がある。

　校長・教員の欠格事由(学校教育法第9条)は，「成年被後見人又は被保佐人」，「禁錮以上の刑に処せられた者」「免許状取上げの処分を受け，3年を経過しない者」「日本国憲法施行の日以後において，日本国憲法又はその下に成立した政府を暴力で破壊することを主張する政党その他の団体を結成し，又はこれに加入した者」である。

　なお，既に採用されている教員でも，これらの欠格条項に該当したり，免許状が失効した場合は失職する。

　各都道府県教育委員会は，毎年7月頃，次年度の教員の欠員状況に応じて，必要となる教科等の教員の採用選考試験を行っている。

　一般に公務員の条件付きの採用期間は，地公法第22条で「職員の採用はすべて条件付きのものとし，(中略)6月を勤務し，その間職務を良好な成績で遂行したときに正式採用になる」と規定している。

　しかし，教員については，1989年度(平成元年度)から，条件付きの期間は1年間(教特法第12条)に変更になり，初任者の研修期間は1年間となって現在に至っている。

　なお，他県等で既に初任者研修を済ませた教員が，別の都道府県で新任教員として採用された場合は，条件付きの採用期間は，一般の公務員と同様に半年間となる。

❷ 教員の人事考課制度

　この人事考課制度[performance rating system]は，教員に対して全国に先駆けて2000年度から東京都で実施された。その概要を次に示

106　第5章　教員の勤務と服務

平成○○年度　教育職員業績評価書(教諭用)一例（概要の表記）

所属		氏名 職員番号		性別	年齢		都歴		学校 番号		異動 日	

評価項目	評価要素	着　眼　点	第一評価者	第二評価者
学習指導	能力	生徒理解知識等	S A B C D	S A B C D
	情意	生徒理解の意欲等	S A B C D	S A B C D
	実績	目標の達成等	S A B C D	S A B C D
生活指導	能力	判断力対応力等	S A B C D	S A B C D
	情意	安全・公平態度等	S A B C D	S A B C D
進路指導	実績	安全の確保等	S A B C D	S A B C D
学校運営	能力	校務処理折衝力等	S A B C D	S A B C D
	情意	経営参加協調性等	S A B C D	S A B C D
	実績	分掌，渉外成果等	S A B C D	S A B C D
特別活動	能力	想像力企画力等	S A B C D	S A B C D
	情意	意欲，責任感等	S A B C D	S A B C D
その他	実績	活動，目標成果等	S A B C D	S A B C D
総合評価(絶対評価)			S A B C D	S A B C D
特記事項				
第一評価者教頭氏名　　　　　　　印			第二評価者校長氏名　　　　　　　印	
教育委員会評価(相対評価)評価者氏名　　　　　　印				S A B C D

す。

　過去から教員の「勤務評定」[merit rating]制度はあるが，実質は機能していなかった。しかし，最近発生する多様な学校教育の課題に適切に対応できるように，「教員の資質能力の向上と学校組織の活性化をめざし」，能力開発型の人事考課として，**自己申告**と**業績評価**制度が一体化して導入された。

　この制度は，教職員が校長・教頭との面接を通じて，自己目標を設定し，目標に対する成果等の自己評価[self evaluation]を行う自己申告制度と，教職員の職務遂行の成果やその過程における努力等を管理職が評価する業績評価[achievement evaluation]制度の2つを柱としている。

2. 教員人事と給与等　　107

自己申告制度は，管理職の一方的な評価でなく，教職員との双方向で行える仕組みをとっている。

　評価は，学校種別や教諭，養護教諭や実習助手などの職種により評価基準が決められている。例えば教諭の評価対象となる職務分類と範囲をみると，「学習活動」「生徒指導・進路指導」「学校運営」「特別活動・その他」に大別されている。

　また，教諭の職務を，勤務時間内・勤務時間外に区分し，勤務時間内のみ加点・減点評価を行う。

　勤務時間外の業務，部活動，家庭訪問などは，その努力を積極的に評価するもので，減点評価はせず，加点評価のみを行うとしている。

　副校長又は教頭が第一次，校長が第二次評価者としてS，A，B，C，Dの5段階の絶対評価をし，それを受けて教育委員会が5段階の相対評価を行い特昇や人事異動に反映する。下表は，自己申告書の内容を概略図で示した。空欄に記入する形式である。

教諭用　　　　　　　　　　　　　　　　　　　　　　　　（概要の表記）
平成○○年度　教育職員自己申告書（職務について）　　　4月1日

所属		氏名	性別	都歴	異動日
1.学校経営方針に対する取組目標			2.昨年度の成果と課題		
		今年の目標	目標達成の手立て		成果と課題
担当職務の目標と成果	学習指導				
	生活進路				
	学校運営				
	特活等				
	研究研修				

　今後の課題は，評価者訓練の充実，評価の開示，評価結果の活用等があげられている。

　この様な評価制度は，一般行政職では1990年代前半から既に実施されており，2000年度から教員に適用されたのである。

この制度は，今後全国的に広がっていくことになろう。

❸ 異　動

現任校に一定の年数勤務した後，又は転居や結婚などの事情により他の学校へ**異動**することがある。

教員の異動は，いろいろな学校や地域の実態にふれることで，教育経験を豊かにし，自身の教員としての能力や情熱を一層高めるためにも必要である。

一般に，学校も一つの組織体であり，男性と女性の教員が必要であり，若い教員も年配の教員も必要である。そこで，各教育委員会は，各学校の教員構成を配慮しながら，校長の学校経営上の要望に合わせて，一定の基準により異動を行っている。

異動にあたっては，各自の希望を申し出ることは可能であるが，希望どおりでない学校に配属されることもある。

❹ 教員の給与

地方公務員の給与[salary]は，基本的にはその職務と経験年数に応じて決定されるが，生計費並びに国や他の地方公共団体の職員及び民間企業の給与その他の事情を考慮して条例で定められている。

公立学校教員の給与に関しては，原則として学校の設置者である地方公共団体の条例によるが，市町村立の義務教育学校教員の場合，その給与は都道府県の負担とされていることから，都道府県の条例で定められている。

(1) 初任給

採用時点の年齢により異なるが，2017年度大卒の金額は，東京都の場合247,500円である。なお，初任者の教員給与は「給与月額＋教職調整額＋調整手当＋義務教育等教員特別手当」の合計金額である。

なお，採用前の職歴は，一定の基準で加算される。また，定期昇給は，原則として年1回である。

(2) 各種手当て

扶養手当，住居手当，通勤手当，期末手当，勤勉手当等が給与条例

に従って支給される。

(3) その他

特別支援学校や島しょや僻地に勤務する場合，定時制課程に勤務する場合，農業・工業高等学校で実習科目を担当する教員にも手当が支給される。

なお，1971年（昭和46年）に「国立及び公立の義務教育諸学校等の教育職員の給与等に関する特別措置法」が制定され，給料月額の４％の教職調整額を支給することにより，教員については時間外勤務手当や休日給を支給しないことになっている。

❺ 福利厚生

教員や家族の**福利厚生**を目的とした制度であり，毎月の給与から一定割合で拠出した資金で運営されている。

病院等の医療施設，宿泊施設，保養施設の運営や共済年金の支給等，教員が安心して働けるようないろいろな給付制度も設けられている。

▌ 3. 教員の服務規律 ▌

児童・生徒や保護者をはじめ地域社会は，学校や教員に大きな信頼と期待を寄せている。そこで，教員が教育公務員として，基本的な勤務のルールを守らなかったり，服務規律[service rule]を軽視したりすると，その信頼や期待が揺らぎ，学校は十分にその教育機能を発揮することができなくなる。

教育公務員[education civil servant]の服務上の義務については，地方公務員法，**教育公務員特例法**などで，教員が服務上守らなければならないことが規定されている。

これらの規定は，教育公務員としての服務上の最低限のルールであり，法令等に明文の規定がなくとも，教員のモラルに関しては，日頃からその遵守を心掛けたい。

❶ 教員は全体の奉仕者

各都道府県の教員に採用になると，地方公務員としての身分を得たことになり，同時に教員としての職務と責任の特殊性に基づき，教育公務員としての身分上の取扱いを受けることになる。

公務員の**服務の根本基準**について地方公務員法(第30条)では，「すべて職員は，全体の奉仕者として公共の利益のために勤務し，且つ，職務の遂行に当つては，全力を挙げてこれに専念しなければならない。」と規定されている。これは，憲法第15条第2項で「すべて公務員は，全体の奉仕者であつて，一部の奉仕者ではない」との規定に準拠している。

この全体の奉仕者という責務のもつ重さを十分に自覚し，教育公務員として公立の学校教育の発展充実に寄与し，その責任を果たす必要がある。

なお，教員については，教育基本法[Fundamental Law of Education]第9条で「法律に定める学校の教員は，自己の崇高な使命を深く自覚し，絶えず研究と修養に励み，その職責の遂行に努めなければならない」とし，その第2項では，「前項の教員については，その使命と職責の重要性にかんがみ，その身分は尊重され，待遇の適正が期せられるとともに，養成と研修の充実が図られなければならない」としている。

❷ 職務上の義務

教員として職務を遂行する上での義務には，法令及び上司の職務上の命令に従う義務(地公法第32条)及び職務に専念する義務(同第35条)が定められている。

教員の仕事は，授業等で児童・生徒と接することだけではなく，いろいろな校務を分掌して学校運営の一翼を担う仕事がある。その仕事を進めるにあたっては，法律や条例等を踏まえて，教育委員会や校長等の上司の指示に従い，課せられた職務を全力で遂行していくことが最も基本的な義務である。

学校での様々な教育活動は，すべて校長の責任のもと，その管理下で行われることをしっかり理解しておくことが大切である。

なお，学校は校長の経営方針に沿って，一人一人の教員が積極的に

3. 教員の服務規律　　**111**

学校運営に協力して，組織体としての機能を一層高める必要がある。

❸ 身分上の義務

　教員になったことにより，次に述べるような一定の服務上の義務が課せられる。これは，全体の奉仕者という公務員の性格に基づく義務である。

1) 信用失墜行為の禁止（地公法第33条）

　「職員は，その職の信用を傷つけ，又は職員の職全体の不名誉となるような行為をしてはならない。」と規定され，勤務時間中であると否とを問わず，全体の奉仕者たるにふさわしくない行為をしてはならない義務がある。

　教育公務員は，児童・生徒や保護者の信頼を失っては職務の遂行ができなくなる。よくある事例としては，体罰や飲酒運転などの行為があるが，いうまでもないが絶対に許されないことである。

2) 秘密を守る義務（地公法第34条）

　職務上知り得た秘密は，退職後であっても漏らしてはならない。また，職務上の秘密を発表する場合にあっては，教育委員会の許可を受ける必要がある。教育指導上知った個人情報などは，プライバシーの侵害等が発生しないように，日頃から十分配慮してその情報の管理にあたる必要がある。

3) 政治的行為の制限（地公法第36条）

　「職員は，政党その他の政治団体の結成に関与し，若しくはこれらの団体の役員となつてはならず，又はこれらの団体の構成員となるように，若しくはならないように勧誘運動をしてはならない。」等の細かい規定がある。

　教育公務員の政治的行為は，一般の地方公務員に比べて厳しく制限されている。つまり学校の事務職員など一般の地方公務員の場合は，全体の奉仕者として公共の利益のために勤務すべき職責から政治的行為の制限を受けるが，公立学校の教育公務員の場合は，国民全体に対して責任を負って教育をするという職責の重要性から，国家公務員と同様に政治的行為が制限されている（教特法第18条）。

112　　第5章　教員の勤務と服務

具体的には，国家公務員法第102条及びこれに基づく人事院規則(14
－7政治的行為の制限)により政治的行為が制限される。

　なお，教職員の政治的中立に関しては，この他公選法により公務員
及び教育者の地位利用が禁止されている。

　政治的行為について禁止されている主なものは次のとおりである。

＊　政治的目的のため教育公務員としての影響力を利用すること。

＊　政党その他の政治的団体の役員となること。

＊　政党の機関紙を配布すること。

＊　特定の政党の構成員となるよう勧誘運動をすること。

＊　政治的目的のために署名運動を企画したり，これに参与したりす
　　ること。

＊　集会等で，公に政治的目的を有する意見を述べること。

4)　争議行為の禁止(地公法第37条)

　「職員は，地方公共団体の機関が代表する使用者としての住民に対
して同盟罷業，怠業その他の争議行為をし，又は地方公共団体の機関
の活動能率を低下させる怠業的行為をしてはならない。」と規定されて
いる。

　つまり，公務員はストライキなどの争議行為を行うことはできず，
教員が争議行為に参加することは違法行為となり，児童・生徒や保護
者の教育に対する信頼を失墜することにもつながる。

5)　営利企業等の従事制限(地公法第38条)

　「職員は，任命権者の許可を受けなければ，（中略）営利を目的とす
る私企業を営むことを目的とする会社その他の団体の役員その他人事
委員会規則で定める地位を兼ね，若しくは自ら営利企業を営み，又は
報酬を得ていかなる事業若しくは事務にも従事してはならない。」と規
定されている。

　つまり，公務員はアルバイトなどを行うことは原則としてできない。
自宅等で月謝を徴収して学習塾やピアノ教室等を行うこともできな
い。

　ただし教育公務員には特例があり，教育委員会の許可を受けて勤務
時間外に非常勤講師等を勤めることができる場合もある。

3. 教員の服務規律　　113

6) 職員団体のための職員の行為の制限（地公法第55条の２）

「職員は，職員団体の業務にもっぱら従事することができない。ただし，任命権者の許可を受けて，登録を受けた職員団体の役員としてもっぱら従事する場合は，この限りでない。」と規定している。

一般の職員は，全体の奉仕者として公共の利益のために勤務し，職務の遂行にあたっては，全力を挙げてこれに専念しなければならないが，任命権者に認められた職員団体の専従役員だけは，職員団体の仕事をすることが認められている。

一般職員にいわゆる職員団体の活動が権利として認められているとしても，公務に先行するものではなく，条例等に定められた特別かつ限定的な事由以外に，勤務時間中は職員団体のための活動を行うことはできない。授業等に支障がないからといって，勤務時間中に職員団体の職場集会を行うなどの行為は，違法であり，職務に専念する義務にも違反する行為である。

▎ 4.　教職員の身分保障と行政処分 ▎

公務員は，全体の奉仕者であり，公共の利益のために全力をあげて職務の遂行に努めなければならない。職員がこの職責を果たせない場合は，一定の責任をとらされ，分限や懲戒の処分がなされる。

その場合も，地公法第27条第２項により「法律で定める事由による場合でなければ，その意に反して」降任や免職や休職などの処分はされない。

つまり，地公法では分限処分[status disposal]，懲戒処分[disciplinary action]を行う場合，その範囲は限定されており，法に規定されていること以外で処分されることはなく，公務員の身分は保障されている。

❶ 分限処分

分限とは，職員がその職責を十分に果たせない場合，公務の能率の維持向上のために行われるもので，免職，休職，降任，降給がある。

1)　免職

114　第５章　教員の勤務と服務

職員の職を失わせることで，勤務実績が良くない場合や心身の故障のため職務の遂行に支障がある場合やその職に適格性を欠く場合などである。

2) 休職
職を保有させたまま，職員を職務に従事させないことであり，心身の故障のため長期の療養を必要とする場合などがある。
教員には，精神的なストレスのために休職する例も多くある。

3) 降任　職員が現に有する職から下位の職に任命されること。

4) 降給　職員の給料が現に決定している額よりも低い額に決定されること。

なお，分限処分は本人の不法行為でないので，免職の場合でも退職金が支払われる。休職の場合は都道府県の規定により給与の一部がカットされ支給される。

❷ 懲戒処分

懲戒は職員の不法行為に対して，その道義的責任を問うもので，公務員としての秩序維持を図るため，免職，停職，減給，戒告がある。

なお，訓告，口頭注意等の処分は，服務監督権者が，職員の職務遂行に注意を喚起するという行為であり，懲戒処分ではない。

教員の不祥事は，マスコミ等で大きく取り上げられる場合が多く，教員に対する国民の期待が大きいことを受けて，教員に対する懲戒処分は，より厳格に行われている。各教員はこのことを十分認識し，常に不法行為を行わないという自覚が必要である。

懲戒の事由は，次の事項が法律で定められている。

1) 地公法などの法律や条例に違反した場合

2) 職務上の義務に違反し，または職務を怠った場合

3) 全体の奉仕者たるにふさわしくない非行のあった場合

懲戒処分は本人の法律違反による行為であり，免職の場合は退職金は支払われない。また，停職の場合は，その間の給与は支払われない。

また，懲戒処分を受けた場合は，勤務実績不良となり，定期昇給が延伸される。

4.　教職員の身分保障と行政処分　　115

第**6**章 教員の研修

　教員の研修[in-service training of teachers]については，「教育公務員は，その職責を遂行するために，絶えず研究と修養に努めなければならない」(教育公務員特例法第21条)と規定され，教員は，絶えず「**研究**」[reseach]と「**修養**」[moral and mental culture]に努めることが求められている。

　教員の職務は，児童・生徒の教育指導であり，教材研究や児童・生徒理解の研究と同時に，教員と児童・生徒との人間関係が重要であり，そのためには教員自身が豊かな人間性や教養をもち，日々人格の向上に努める必要があり，そのための「修養」となる研修が特に必要である。

■ 1.　研修内容とその体系 ■

　教員の従来の研修内容についてみると，教科指導や生徒指導等に関する研究は盛んであるが，教員自身の人間的な資質を高めるような研修は軽視される風潮があり，「修養」の面からの研修内容・方法の充実強化が求められる。

　つまり，一流の専門家は，その人間性においても一流であることが求められているのであり，教員も専門家としての社会的地位を確立するには，教員としての専門性と同時に人間性の優れた教員をめざす責任がある。

　そのためには，教員は，地域社会に広く研修の機会を求め，多様な人々との積極的な交流を通して人間的資質を高める努力が必要である。

　更に，学校教育を開かれたものとし，例えば，民間の各方面の専門家をティーム・ティーチング等の指導員として活用を図ることも，教員の意識改革に役立つ。

　この大切な「研修」を，各教員が行い易くするために，教育公務員特例法第22条では教育委員会に対し「教育公務員には，研修を受ける機

116

会が与えられなければならない」と規定し，同2項では「教員は，授業に支障のない限り，本属長（校長）の承認を受けて，勤務場所を離れて研修を行うことができる」と規定されている。

研修の形態について，東京都の事例をあげると，次の4種類がある。

❶ 指定研修 [specified training]

教育委員会が教育水準の維持・向上を図るため，初任者研修のように特定の教員に対し研修内容を定めて，研修を命ずるものである。

新任教員の場合は，教育委員会が行う初任者研修という指定研修を1年間受けて，相当の成果を上げ，その成果を教育委員会が認めれば，初めて本採用となる。

つまり，新任教員は，日々教壇に立ち，指導教官の指導を受けながら，教育委員会が定めた計画に従って校外研修や校内研修に参加して，そこでの成果は日々記録に残し，報告書にまとめることとなる。

❷ 一般研修 [general training]

指定研修を除き，教育委員会が計画・実施する研修で，希望する教員が研修命令を受けて参加するものである。

校外研修には，都道府県教育委員会及び市町村教育委員会が主催して行うものや文部科学省・大学・研究団体等の行う研修会など多くの研究会があり，教科別・領域別・経営に関する等の研修会をはじめ，実験・実技を主とした研修等も実施されている。

研修の形態も，講習会・研究会・研究発表等，それぞれのねらいに即した形で開催され，教員の研修に大きな成果を上げている。

都道府県によって異なるが，研修機関として教育研究所や教育センターなどを設置して，初任者研修・3年次研修・5年次研修・主任研修・管理職研修等を実施して，教員としての資質の向上に努めている。

校外研修は，教育研究所や教育センターなどを会場として，行政担当者や指導主事などから，その時々の行政課題や各教科・科目，教育課程，生徒指導，進路指導，ホームルーム活動，生徒理解，教育相談，視聴覚教育，情報教育等それぞれのテーマに従って，年間を通して研

1. 研修内容とその体系　　**117**

修が行われる。

また，専門家の講演を受講したり，他の校種の学校を見学したり，時には宿泊研修や民間企業や行政職場で研修することもある。

❸ 校内研修[training inside the campus]

学校が，当面する教育課題について，主体的，組織的，計画的に実施する研修である。校内研修では，学校に課せられた身近な多くの課題解決に取り組み，それを解決して教育効果を高め，児童・生徒をよりよく育てたいとする教員の願いを実現するものである。

校内研修会では，学校全体により，全職員が共通課題の解決をめざして展開される研究活動としての全校研究会が中心となる。

この他，対象生徒の共通理解も深く，情報交換も容易である同学年の担当教員による学年研究会，同一教科の仲間で構成され直接教科指導に役立つ教科研究会等もある。

教員は，自分の殻に閉じこもりがちになるので，教員同士お互いに授業を見せ合って，指摘し合って授業研究を深める機会を多くつくることが求められている。

❹ 自主研修[independent training]

教員が主体的に行う研修で，基本的には勤務時間外に行うもので，必要に応じて職務専念義務の免除を受けて行う研修である。

前述したように，校外研修会に参加して，視野を広め客観的視点に立って自己や自校を眺めたり，指導法や理論等を学ぶことは，教員として不可欠である。

初任者研修にあたっては，校内の先輩教員からの指導も大事だが，校外の研修会にも積極的に参加し，新任の仲間を大切にして，お互いの悩みや課題について，率直に語り合えるような，横の連携がとれる仲間づくりも大切であり，心掛けたい。

学校は違っても，同僚として，今後の長い教員生活において，互いの大きな支えにもなる。

なお，年次有給休暇により研修に参加する場合もあるが，この時は

校長が学校の業務に支障がないかどうかを判断して休暇を認めたり，校務に支障がある場合には，時季変更権を行使して，休暇を別の日に変更させることで，その日の休暇は認められず研修に参加できない場合もある。

2. 研修の服務上の取り扱い

　教員の研修は，服務との関係から大別すると次の2つの研修がある。
　1つは，職務命令による「職務研修」で，もう1つが「職務専念義務」免除による研修である。

❶ 職務研修
　勤務時間中に職務として研修を行う場合であり，服務監督権者の職務命令により行われる。この命令に反し研修に参加しない場合は職務命令違反となる。

　「職務命令」は，強制されると受け取れるが，例えば，勤務場所を離れて研修に参加する場合，公務出張として旅費が支給され，事故にあった場合に公務災害が適用されるなど，「職務命令」は任命権者が教員を支援するための方策であり，行政による教員の研修への援助の一環である。

　研修は本来教員の自発的意欲を基本とするが，自分の都合や主張だけを振りかざし職務遂行に必要な「職務研修」を拒否することはできない。

　研修命令を正当な理由もなく拒否すれば，職務命令違反となり（地公法29条）処分の対象となる。

❷ 「職務専念義務」免除の研修
　教特法第22条第2項では「教員は，授業に支障のない限り，本属長の承認を受けて，勤務場所を離れて研修を行うことができる。」との規定を受けて，地方公務員に課せられている「職務専念義務」を校長の承認により免除されて研修を行うもので，承認研修にあたる。

　この制度は職務としての研修の他に教員の自発的な研修を奨励し，勤務時間内でも授業のない特定の曜日の午後とか，長期休業期間中に

2. 研修の服務上の取り扱い　　119

おける研修に活用されている。

　勤務時間内の研修は，その運用が適切に行われないと，教員の勤務について国民から批判を受ける場合もある。そこで校長は，事前に研修計画を提出させて，研修内容が適切なものであるかをチェックし，研修後は報告書を提出させて，その適切な運用に努めている。

▌ 3.　研修体系とその内容 ▌

　教員は，日々の職務及び研修を通じてその資質能力が育成されていくものであり，各ライフステージ[life stage]に応じて学校において担うべき役割が異なり，各段階に応じた資質能力を備えることが必要となる。

　そこで，初任者の段階，中堅教員の段階，管理職の段階などに分けて，各段階で必要な資質能力の育成をする研修が実施されている。

　2001年度からは，教育公務員特例法が改正され，「研修休業制度」が設けられ，実施されている。

❶ 初任者の研修内容

　大学の教職課程で学んだ教育に関する基礎的，理論的内容と実践的指導力等を前提として，採用当初から教科指導，生徒指導等で支障が生じないように実践できる資質能力が必要であり，そのための研修内容が中心である。「初任者研修」においては，任用校の指導教諭のもとで，教科指導や生徒指導や学級経営等の職務全般に関して，その遂行能力が一層向上できるように研修する必要がある。また教育委員会主催の指定研修もある。

　教科指導や学級担任の指導は，中学校・高等学校では，それぞれの学年により内容や指導方法も異なるので，一通りの知識や技能を修得するには最低3年間のサイクルは必要である。

　この時期は，校内のことが一通り理解でき，仕事も一人前にできるようになったら，できるだけ校外に研修に出かけ，教科指導の実力の向上に努めるとよい。

❷ 中堅教員の研修内容

中堅教員は，学級担任，教科担任として一通り経験を積んだ時期であり，更にベテラン教員として飛躍するために，学校全体としての視点に配慮し，学級・学年運営，教科指導，生徒指導等のあらゆる教育活動の場面で，行動力を発揮し，若い仲間を支え育てる人材となる力量が求められる。つまり学校運営では，指導教諭や主任などの重要な役割を担い，若手教員への指導助言などの指導的役割が期待され，より一層職務に関する専門知識や幅広い教養を身に付ける必要がある。

また，学校運営に積極的に参加していくことができるよう企画立案・事務処理等の資質能力も必要になる時期である。そのため，教育公務員特例法第24条では，中堅教諭の研修の規定が設けられ，10年経験者の研修が義務付けられ，2003年度から実施されている。

❸ 管理職の研修内容

管理職として，教育に関する理念や識見を高め，地域や学校の状況・課題を的確に把握して職員に示し，自ら率先して垂範する実行力を身に付け，誰からも信頼される指導者としての資質が最も要求される。

そのためには，特色ある教育活動を展開するため，学校の目標を提示し，その目標達成に向けて，教職員の意欲を引き出すなどのリーダーシップを身に付ける必要がある。

また，関係機関等との連携・折衝を適切に行い，組織的な学校運営を行うことのできる資質を備え，学校運営全体を視野に入れた，総合的な事務処理を推進するマネジメント能力も必要である。

▌4. 免許更新制度 ▌

教員免許更新制度は，その時々で求められる教員として必要な資質能力が保持されるよう，定期的に最新の知識技能を身に付けることで，教員が自信と誇りをもって教壇に立ち，社会の尊敬と信頼を得ることを目的として位置付けられた。

なお，不適格教員の排除を目的としたものではない。

免許状には10年間の有効期間が付され，有効期間を更新して免許状の有効性を維持するには，2年間で30時間以上の免許状更新講習の受講・修了が必要である。

　この制度が始まった2009年（平成21年）4月1日以前に取得している免許状は「旧免許状」とし，2009年（平成21年）4月1日以降に初めて授与された免許状は，「新免許状」として分けている。

　旧免許状所持者が2009年（平成21年）4月1日以降に新たに免許状を授与された場合も，旧免許状として授与される。旧免許状には有効期間は付されないが，生年月日によって最初の修了確認期限が設定される。更新講習修了確認を受けて免許状の有効性を維持するには，2年間で30時間以上の大学等での免許状更新講習の受講・修了が必要である。教員免許状を有効な状態で保持するためには，有効期間満了日又は修了確認期限の2年2か月前から2か月前までの2年間に，大学などが開設する30時間以上の免許状更新講習を受講・修了した後，免許管理者（都道府県教育委員会）に申請する必要がある。

　新免許状には，有効期間満了日が記載されるが，有効期間の異なる複数の免許状を所持している場合は，その最も遅く満了する日が，自動的にすべての免許状の有効期間満了日となる。

第7章 21世紀の教育課題

　ここでは，21世紀になり各学校でその課題解決に取り組まなければならない，いくつかの課題について取り上げてみた。

　その課題解決に向けた，日々の努力に期待したい。

1. 同和教育への対応

　日本国憲法第14条に「すべての国民は，法の下に平等であつて，人種，信条，性別，社会的身分又は門地により，政治的，経済的又は社会的関係において，差別されない」と規定し，教育基本法第4条では，憲法の規定を受けて「人種，信条，性別，社会的身分（中略）門地によって，教育上差別されない」という教育の機会均等が明記されている。

　同和教育とは，この日本国憲法や教育基本法等の法のもとで，すべての人間は平等であるという原則に基づき，社会の中に根強く残っている差別意識をなくすことを目標とした教育である。

　同和問題は，日本社会の歴史的な発展の過程において形成された身分階層構造に基づく差別である。

　江戸幕府は，封建的社会を強化するための政策として，各地に被差別部落をつくり，そこに暮らす人々は，生活権や居住権ばかりでなく，人権そのものが侵されてきた。今日でも差別が完全に解消されず，結婚差別や就職差別が起こったり，偏見や差別意識が依然として，根強く残っている。

　このように，現代社会においても被差別部落出身者が，著しく基本的人権を侵害され，特に現代社会で何人にも保障されている市民的権利と自由を完全に保障されておらず，同和問題が深刻にして重大な社会問題となっているのである。

　そこで，同和問題を国及び各都道府県は，大きな一つの課題として取り上げ，その解決に向けた施策を，特別措置法等をつくり実施してきた。

1. 同和教育への対応　　123

学校教育においても，各教育委員会は同和問題の解消に向けた教育目標を掲げ，地域と連携しながら各学校がすべての教育活動を通して，同和問題の正しい理解と認識を深めることができるように指導している。

例えば，東京都教育委員会では，基本方針のトップに，「人権教育の推進」を掲げて，日本国憲法及び教育基本法の精神に基づき，また児童の権利に関する条約等の趣旨を尊重して，学校教育活動と社会教育活動全体を通して，同和問題に配慮しながら，あらゆる偏見や差別をなくすため，人権尊重教育の推進を各学校に求め，指導してきている。

具体的には，人権尊重の精神のもとに，一人一人の児童・生徒の成長・発達と自己実現の達成を図る同和教育を推進するとともに，すべての人が人権尊重の精神を培い，同和問題をはじめ，人権問題への正しい理解と認識を深めることができるように努めることをめざしている。

また，障害のある人が社会の一員として平等に活動できる社会の実現をめざして，相互理解と連帯感をはぐくむ教育を推進したり，男女平等観に立った人間形成と社会的風土づくりをめざし，男女平等教育の推進も掲げている。

更に，人種や民族等を異にすることにより，人権が損なわれることのないように，人権尊重を基盤とした国際理解教育も推進している。

▌2. いじめ防止とその課題 ▌

2016年度のいじめの認知件数は，小学校237,921件（前年度151,692件），中学校71,309件（前年度59,502件），高等学校12,874件（前年度12,664件），特別支援学校1,704件（前年度1,274件）であり，全体では，323,808件（前年度225,132件）で，近年増加傾向にある。

いじめを認知した学校数でみると，25,699校（前年度23,557校）であり，全学校数に占める割合は68.3％（前年度62.1％）である。

なお，現在いじめは「解消している」件数の割合は90.6％（前年度88.7％）である。

いじめの発見のきっかけは，「アンケート調査など学校の取組により発見」は51.6％（前年度51.5％）で最も多く，「本人からの訴え」は

18.1％（前年度17.2％），「学級担任が発見」は11.6％（前年度11.8％）である。いじめられた児童・生徒の相談の状況は「学級担任に相談」が77.7％（前年度74.7％）で最も多い。

いじめの態様のうち，パソコンや携帯電話等を使ったいじめは10,783件（前年度9,187件）で，いじめの認知件数に占める割合は3.3％（前年度4.1％）で，現状では多くない。

どの学校・学級にもいじめは発生し，存在するという認識に立ち，いじめ問題の解決に向けて学校として全教職員が一致協力して，全力で取り組む必要がある。

❶ いじめ防止のための基本的姿勢

児童・生徒は，いじめを実行する場合，学校では教員に，地域社会では親や近所の人たちに見つからないように，また，いじめられている子が，自ら教員や親にいじめられている事実をいうことのないように，考えた上で実行する。さらに，いじめられた子が申し出た場合の対応も考えた上で行動しているので，いじめを発見することは困難だという認識に立って，いじめの早期発見の方策を考える必要がある。

いじめられている子供は，サインを出したくても出せない状況に追い込まれていることを教員や保護者はよく理解して，日頃より気配りし，いじめられている子の心の叫びを見抜く眼力を付けることが重要である。

いじめの現場には，仲間がいる場合が多く，周りにいる子供たちからいじめがあるらしいとの情報が伝わってくるような生徒との信頼関係づくりが教員に求められている。

そして，「いじめは絶対に許さない，いじめから子供を必ず守る」という毅然とした教員の姿勢が，いじめを未然に防ぐ環境づくりになる。

そのためには，子供が日常的に気軽に相談しやすい状況づくりを心掛ける必要がある。教員や保護者が日常の指導や関わりの中で，「いじめられている子供にも問題がある」との考えを少しでももつ態度では，いじめ問題について基本的な認識に欠け，いじめ問題を解決することはできない。

❷ いじめの早期発見とその対応

　児童・生徒が，急に学校に行きたがらなくなったり，欠席が多くなり，学校から帰ってくると，傷などがあったりして，親が聞きただすと「うるさい」とひどく怒ったりする。このような，いつもと「何かへんだな」と感じたら，その子の観察を続け，急に問いただすのではなく，時間を掛け，チャンスを見つけ，安心させて話し合える機会をつくり出すことが大切である。

　あせって，無理に聞き出そうとすると，逆に口を閉ざしてしまうので注意を要する。

　また，間接的にそっと信頼できるクラスメイトに，対象生徒の様子を聞き出すことも有効である。

　教員は，いじめの兆候に気付いたら，直ぐに保護者に連絡し，家庭訪問して，家庭での生活状況の把握に努める必要がある。

　また，保護者から家の子は「いじめられていないか」等の連絡を受けたときは，教師としてその兆候を感じていなくても，「いじめられていない」とその場では決して断定して応えるのではなく，「調査する」ことを伝え，対応することが必要である。

　いじめは，教師に分からないように行われるのが普通であり，学校で確認できなくても，進行していることが多い。

　「いじめはない」と断定したことが，いじめが後から発覚したとき，保護者から「学校に言ったのに対応してもらえなかった」と，問題をこじらすことになるので注意したい。

　いじめの解決には，早期発見とともに，早期指導が極めて重要である。

　早期発見のためには，教員はある生徒が「いじめられていそう」と直感した時は，その生徒を教えている他の先生方に様子を尋ねてみるなど，情報の共有化に努め，いじめに対する教職員の共通認識を日頃から高めておくことが大切である。

　早期指導にも教職員全体の連携・協力が不可欠で，いじめに関わる情報を共有し，問題の状況や指導方法などについて共通理解を徹底し，より的確な対応を行う必要がある。

　いじめに対する指導は，被害者の生徒から親身になって話を聞きと

126　第7章　21世紀の教育課題

り，その子供の悩みを受け止め，支える教員の姿勢が大切である。

　指導にあたっては，担任一人で抱え込まないで，他の教職員の協力を求め，校長，教頭へ直ぐ連絡・報告するとともに，関係の保護者に連絡をとり，十分な理解と協力を依頼する。

　状況に応じて，校長の指示を受けて，関係諸機関と連携することも必要となる。

　いじめの解決策や防止策を考える場合，必要な場面では，周りの児童・生徒と一緒に事実関係を把握したり，子供と一緒に考える姿勢も大切である。

　その場合，いじめた子供に対しては，毅然とした態度で指導することが重要となる。特に，身体的な攻撃，いやがることを「したり，させたり」，「しかとする」(仲間はずれ)など，一方的に身体的，心理的な攻撃が，相手に深刻な苦痛を与えているということを，児童・生徒一人一人にしっかり理解させることが大切である。

　そして，いじめは人間の尊厳を傷付ける重大な人権問題であることを，子供たちだけでなく，保護者をはじめすべての関係者が認識できるように指導する必要がある。そのためにも，いじめは決して許されない行為であることを毅然とした態度で指導することがなによりも重要である。

　なお，いじめがあった場合は，その一時の指導で解決したと判断できても，その後の行動観察や，相談活動は継続的に行うことが必要である。

❸ 家庭や地域社会との連携を図る

　学校は家庭や地域社会と密接に連携を図りながら，子供を社会全体で育成するという共通理解のもとに，児童・生徒の健全育成をめざして協力し合うことが求められている。

　家庭との連携は，担任を中心に日常的に電話や家庭訪問などを心掛ける。学校全体の取り組みとしては，保護者会や教育相談の機会などをできるだけ多く企画して，学校生活全般について保護者と共通理解を図る中で，いろいろな話題の一つとしていじめ問題について話し合

い，啓発する工夫が必要である。

　また，地域社会との対応は，地域の健全育成等の諸団体や，関係機関の担当者との懇談や会議等の機会を生かし，地域全体で児童・生徒を育成するという体制づくりに協力し，学校からも地域に対して，日常的な教育活動についての情報を発信し，学校に社会の関心が向くような努力もする必要がある。

　そのためには，学校としてのいじめ根絶の方針のもとに，全教職員が一致した指導や啓発活動を計画的・組織的に展開し，プライバシーに配慮しながら，学校から情報を発信することが，協力を得られることにつながる。

　しかし，学校として解決することが難しいいじめと判断した場合は，保護者や関係者の理解を得ながら，関係諸機関と相談の上，適時適切な処置をとる責任がある。

　いじめに限らず，学校だけで課題を抱え込んで，かえって対応が遅れて事態を悪化させ，社会の批判を受けることがないように，適切な対応が望まれる。

　また学校は，日頃から地域社会との連携を保つために，関係者との連絡協議会を定期的に開催するなどして，学校運営に協力してもらう体制をつくり，いじめや問題行為を発見したときは，見逃すことなく注意し，学校，保護者及び関係諸機関へ連絡してもらえる体制づくりに努める必要がある。

■ 3.　不登校の児童・生徒への対応 ■

❶ 不登校児童・生徒の推移

　文部科学省の学校基本調査では，従来は年間30日以上の欠席者の内，その理由区分として，「病気」「経済的理由」「学校ぎらい」「その他」として調査していたのを改め，「学校ぎらい」の理由を「不登校」（登校拒否）[school refusal]に改め，今後とも調査を続けることになった。

　国公私立の小学校・中学校で，2012年度（平成24年度）に「不登校」を理由に30日以上欠席した不登校児童・生徒は，小学生21,243人（前年

128　　第7章　21世紀の教育課題

度比1,379人減），中学生91,446人（前年度比3,390人減）となり，小中の合計では112,689人となった。

　不登校の数を全国の小・中学生全体の割合でみると，小学生は，約680万人の不登校率は0.31％，中学生は約357万人の不登校率は2.56％にも達している。不登校率は，1993年度に比べ小学生は1.8倍となり，中学生は2.0倍に増加している。

　学校の指導体制は，強化されてきているが，不登校の児童・生徒も増え続けており，2015年度は30日以上欠席した小・中学生が約12.6万人となり昨年度を越えており，その後減少傾向にはない。

小中学生の不登校者の推移　　　　　　（人数）

西暦	1993年度	1998年度	2003年度	2008年度	2010年度	2011年度	2012年度
元号	平成5	平成10	平成15	平成20	平成22	平成23	平成24
小学校	14,769	26,017	24,077	22,652	22,463	22,622	21,243
中学校	60,039	101,675	102,149	104,153	97,428	94,836	91,446
計	74,808	127,692	126,226	126,805	119,891	117,458	112,689

文部科学省統計より

❷「適応指導教室」の開設

　不登校児童・生徒の指導について，各市町村の教育委員会は「適応指導教室」を全国で804か所（1998年度）から883か所（1999年度）開設し，学校生活への復帰を支援するために児童・生徒の在籍校と連携して，個別カウンセリング，集団での指導，教科指導などを計画的，組織的に行っており，その成果が期待される。

4. 中途退学防止の課題

❶ 全国の中退者[dropout]の状況

　2015年度（平成27年度）の全国の国公私立の高等学校における中途退学者数は約49,001人，在籍者に占める中途退学者の割合（中退率）は1.4％である。1985年度から2001年度までは，10万人台であったが，

近年は少しずつ減少傾向にある。2015年の中退者を学年別でみると，1年生34%，2年生21%，3年生7.5%，4年生(定時制)0.4%，単位制(通信制)37%であり，全日制高等学校では，低学年ほど中退者が多くなっている。中退率を課程別でみると，全日制では普通科0.8%，総合学科1.3%，専門学科1.1%，定時制10%，通信制5.5%となっている。

高校生の中退の推移

年度	1985 (S60)	1989 (H 1)	1997 (H 9)	2001 (H13)	2005 (H17)	2009 (H21)	2012 (H24)	2015 (H27)
中退者数 (人)	114,834	123,529	111,491	104,894	76,693	66,243	51,781	49,001
中途退学 率(%)	2.2	2.2	2.8	2.6	2.1	2.0	1.5	1.4

文部科学省統計より作成(S：昭和・H：平成)

❷ 中途退学の理由

2015年度の退学理由でみると，「学校生活・学業不適応」が34.1%(1999年度35.8%)で最も多く，次いで「進路変更」34.3%(1999年度38.5%)であり，続いて「学業不振」が6.9%の順である。

「学校生活・学業不適応」の内訳は，「もともと高等学校生活に熱意がない」が13.2%を占め，「授業に興味がわかない」が5.3%，「人間関係がうまく保てない」が6.1%，「学校の雰囲気が合わない」が4.3%，「その他」が5.3%となっている。

「進路変更」の内訳は，「就職を希望」が12.3%を占め，「別の高等学校への入学を希望」が12.6%，「専修・各種学校への入学を希望」が6.4%，「大検を受検希望」が3.2%，「その他」が4.9%となっている。

「進路変更」とは，本人の意志によって，専修学校や各種学校へ進学したり，企業に就職したりすることを指す。実態としては，学業不振，学校生活・学校不適応が背後にある。

中学時代から，あの高等学校に入学して，何々の勉強するんだという目的が見つからず，皆が行くから，入学できるところだから入ったという傾向がみられる。

同時に仲間づくりなどの人間関係の適応力が低下している。

また，中途退学の原因は，個々の生徒により多様で複雑であり，原因を特定することは困難であるが，その問題点について東京都の初任者研修の手引きで，高等学校，本人，中学と分けて問題点を列記しているので紹介する。

(1) 高等学校側の問題

1) 目的意識や学習意欲が不十分なまま高等学校に入学する生徒がいる中で，その適応指導が十分に行われていない。

2) 多様な生徒の特性や進路希望等に応じた教育課程の編成が十分に行われていない。

3) 進級規定が学年制を基準としており，その運用が画一的，硬直的な場合がある。

(2) 生徒側の問題

1) 基礎学力が十分身に付いていない。

2) 学校の教育方針や教育内容，学科の特色等について理解が十分でないまま入学している。

(3) 中学校側の問題

1) 進路指導が学業成績を重視した進学指導になりがちである。

2) 高等学校に関する情報が不十分なまま，進路を選択する場合がある。

❸ 中途退学防止の課題

中途退学問題を解決するためには，学校，家庭，社会のそれぞれの取り組みが必要であるが，当事者である各高等学校は，すべての生徒が自ら学び，自ら考え，学ぶ楽しさを体得できるよう，次の点に配慮して指導の充実に努める。

中学卒業者の98％（2015年3月）の生徒が高等学校に進学し，生徒の能力・適性，興味・関心，進路等は多様化している。各高等学校は，生徒の実態を踏まえ，多様で個性的な生徒一人一人に対応した，教育課程の編成に努め，高等学校教育の多様化，柔軟化を一層進めていくことが求められる。

中途退学する背景は個々の生徒により異なるが，一人一人の生徒の状況を早期に的確に把握し，生徒理解を深め，適切な援助や指導を行うことが必要である。

また，生徒の興味・関心を高め，学習意欲を喚起し，「分かる授業」を展開し，指導内容・方法の改善・充実を図る。

更に，特別活動やホームルーム活動などの充実を図って，生徒が集団生活に適応し，自己の存在感，成就感が高められる教育活動の実践に努める。

▌5. 問題行動の防止と出席停止 ▌

最近は，小学校でも授業が成り立たず，「学級崩壊」[class collapse]が問題になっているように，小学校・中学校において課題を抱えた児童・生徒にどう対応すべきかが問われ，その指導の一つの手段である「出席停止」[attendance stop]が話題になっている。

❶ 出席停止措置の現状

教員に暴力をふるうなど授業を妨害して出席停止の措置を受けた小・中学生は，全国で延べ1999年84件，2000年55件，2001年51件，2005年43件，2015年15件（小学校1件・中学校14件）にのぼった。1999年の件数は，校内暴力で荒れた1985年度以来の水準になったが，最近やや減少傾向にある。「キレる」子供が目立つ学校の現状や，これに強く対応するよう求めた文部科学省の方針が，その背景にあると言われている。出席停止は，懲戒でなく，「ほかの子供に義務教育を受ける権利を保障する」ために，学校教育法（第35条）に則り，市町村教育委員会は，その児童・生徒の保護者に対して出席停止を命ずることができるとされいてる。

つまりこの措置は，校長の判断だけではとれないことになっている。

そして，出席停止期間は，家庭で過ごさせ，本人や保護者に自覚を促すために行う措置である。

マスコミ報道では，「子供たちの問題行動に悩む先生たちにとっては，

出席停止は最後の手段であり、学習環境を整えつつ、子供たちをどう導けばよいのか、学校の悩みは深い」と指摘している。

　ある広島の中学校では、問題行動を繰り返す約20人の生徒に対し、「態度が改まらなければ出席停止命令を出す」との方針を打ち出し、実際に2人の生徒をそれぞれ2週間の出席停止にした。生徒らは4月の新学期以降、授業を抜け出して自転車で走り回ったり、火災報知機を鳴らしたりした。教員への暴力もあった。

　教員側は校内巡回を強化したり、勉強が分からないという声に応えて学習室を設置し、臨時職員を常駐させたが、おさまる気配はなかった。出席停止の方針を決めた6時間に及ぶ職員会議では、「これ以上の努力を続けても無駄だ」「生徒を排除することになる」との意見など、賛否両論が渦巻いたが、最終的には出席停止の措置を教育委員会は決めた。

　出席停止にした生徒に対しては、学習プリントを出し、担任らが連日、家庭訪問したりして、指導を続けていたとのことである。

　別の例では、「授業中、自転車で廊下に乗り込んできた。注意した教員を取り囲み、暴力を振るった」という。

　校長は市教委に「強硬措置をとらざるを得ない」と相談し、これら生徒14人と保護者に「授業妨害が続けば出席停止にする」と伝えた。

　警告後、生徒の問題行動はおさまり、校内や通学路のゴミ拾いも「自主的に」するようになり、指導がうまくいった例も報告されている。

　文部科学省は、校内暴力が多発した1983年（昭和58年）に「場合によっては、出席停止措置がとれる」と全国に通達し、1999年度には84件の出席停止措置がとられていた。その後減少傾向であり、2015年度に出席停止措置を受けたのは、全国で15件、うち中学3年生が6件、2年生7件、1年生1件で、小学生も1件あった。男女の内訳は、男子14人、女子1人である。措置の主な理由は、対教師暴力5件、生徒間暴力5件、授業妨害3件、いじめ3件、器物損壊1件の順であるが、教師または生徒に対する暴力がほとんどである。（理由重複2件）

　上記の出席停止15件の期間は、教育委員会の判断に任され、3日以下が2件、4〜6日間が3件、7〜13日間が4件、14〜20日間4件、

21日以上２件の順であった。

この間教員への暴力も小康状態が続き，一定の歯止めになったが，生徒間の暴力や器物損壊は増加の傾向にある。

❷ 出席停止に頼らない生徒指導

小学校高学年から，課題を抱える子供が増加傾向にあり，「いじめ」や「キレる子供」が問題化する中で，文部科学省からは「厳しい対応策をとることも必要」(1996年)，「毅然とした対応をとる必要がある」(1998年)と，各都道府県教育委員会への指導は，その表現からみても少しずつ強まってきている。

東京都の事例では，1999年度の出席停止件数はゼロで，この10年間で２件だけで，都教育庁は「問題を起こす少年の中には，やりたくないのにやっている例が多い。その理由や事情を把握することの方が大切だ」と出席停止に慎重な対応を求めている。

また，日弁連の子供の権利委員会も，出席停止の在り方について「子供の成長を第１に考えなければいけない。やむを得ない場合もあるが，単に出席停止にするのは問題が大きい」と課題を投げかけている。

2000年９月の教育改革国民会議の中間報告では，「問題を起こす子供への教育をあいまいにしない」と提言し，文部科学省は出席停止の更なる徹底などの対策を検討してきている。一方で，学校の責任放棄につながるとの批判もあり，過去の事例からみても，保護者や関係機関とよく連携して，慎重に対応することが求められている。

▌ 6. 教員の体罰防止の課題 ▌

体罰について文部科学省からは，「体罰ではないかとして問題とされ，学校で調査した事件」の件数が公表されている。

小・中・高等学校及び特別支援学校全体の件数は1998年度1,010件，1999年度990件，2000年度944件，2015年度890件であり，減少傾向にある。

体罰[corporal punishment]は，皆無になるように努力したいものである。

134　第7章　21世紀の教育課題

体罰の実態把握調査結果

	小学校	中学校	高等学校	中等教育学校	特別支援学校	合計
2012年度	1,559	2,805	2,272	11	47	6,694
2013年度	1,057	1,863	1,210	6	39	4,175
2014年度	276	466	344	7	33	1,126
2015年度	205	368	294	1	22	890

文部科学省調査

❶ 体罰は教育を否定する行為

　教員の体罰は,日本国憲法及び教育基本法を貫いている個人の尊厳,基本的人権の尊重の精神に反するものであり,学校教育法でも「校長及び教員は,教育上必要があると認めるときは,文部科学大臣の定めるところにより,児童,生徒及び学生に懲戒を加えることができる。ただし,体罰を加えることはできない。」(学校教育法第11条)と明確に禁止している。

　教員が,学校の規律を維持するために厳正な態度で指導する必要はあるが,指導にあたって体罰を行使することは,自らの教育観の誤りと指導力の欠如を認めることになる。

　また,児童・生徒は,体罰を単に暴力として受け止めることが多く,教員に対する恨みや反発を生むこととなる。

　教育は,児童・生徒が相互に人権を尊重し,暴力を否定する意識や態度を育てる役割を担っており,教員が指導に名を借り,体罰を教育の手段として行うことは許されない。

　更に体罰は,児童・生徒の価値観を混乱させ,暴力容認の態度を育てることになり,人間不信に結び付くことにもなる。

(1) 体罰に対する教員の責任

　教員が体罰を加えたり,違法な懲戒を行ったり,職務上の義務に違反した場合,戒告,減給,停職又は免職の懲戒処分を受ける(地方公務員法第29条)。

　また,校長は,所属職員の職務義務違反について監督責任を問われる。

　更に,体罰により相手に被害を与えたり,犯罪に該当した場合には,

刑事上の責任を問われることにもなる。

「殴る，蹴る」などの体罰を加えた場合は暴行罪，生徒にけがをさせた場合は傷害罪，不当に長時間教室等に居残りさせた場合は監禁罪が成立するので，注意が必要である。

更に，違法な懲戒により，児童・生徒の身体に傷害を与えた場合，校長及び教員は，その治療に要する費用や肉体的・精神的な損害を償うために損害賠償責任を負うこともある。

(2) 体罰否定の教育指導

体罰の禁止が学校教育法に規定されているにもかかわらず，学校において体罰を行使するなどの誤った指導が後を絶たない現実がある。

次の通知は，東京都教育委員会から各学校に出されたものである。

各学校は，この通知を参考にして，児童・生徒や保護者との信頼関係に基づく指導を推進するように指示したものである。

そこで，東京都教育委員会は，信頼関係に基づく指導を推進し，児童・生徒が楽しく学び生き生きと活動できる学校教育の実現をめざし，

（通知）　　　　　　　　　　　　　　東京都教育委員会
学校教育における信頼関係に基づく指導の推進
平成8年10月8日

すべての児童・生徒は，毎日の学校や家庭での生活が有意義でかつ充実したものとなることによって，それぞれのもつ可能性を最大限に発揮し人格の完成をめざすことが期待されている。

このことについては，現在，児童・生徒の豊かな人間形成を社会全体で支援するという考えに立ち，学校・家庭・地域社会等がそれぞれの役割を発揮して課題の解決に当たることが強く求められている。

ところが，最近の体罰にかかわる問題事例を通して学校の状況を見るとき，各学校においては，すべての教育活動の基盤ともいえる教員と児童・生徒及び保護者等との信頼関係を確立し指導の改善・充実を図ることが重要な課題となっている。以下省略

以下に示した「❷ 児童・生徒の側に立つ教育活動の推進」を指示している。

❷ 児童・生徒の側に立つ教育活動の推進

児童・生徒は本来よりよく生きたいという意欲や願いをもっている。

教員は，児童・生徒の声や内面の訴えに耳を傾け，それぞれの良さや豊かな可能性を引き出しその自立を支援するという指導観に立って，児童・生徒の側に立つ教育活動を推進することが大切である。

(1) 児童・生徒と教員との信頼関係を育てる

児童・生徒は，教員との触れ合いの中で愛情や期待を感じとり，尊重されることによって初めて教員との信頼関係を築くものである。

児童・生徒が教員の指導を受け入れ，その指導が豊かな自己実現を図るものとして成立するためには，児童・生徒と教員の間がこうした深い信頼関係で結ばれていることが大切である。

各学校においては，これまで以上に児童・生徒と触れ合う機会の確保に努めるとともに，教員一人一人がカウンセリングマインドを身に付け，児童・生徒が主体的な活動を通して自己実現を図ることができるよう教育活動の改善・充実に取り組むことが必要である。

(2) 体罰否定の指導観に立ち指導力を高める

児童・生徒に対し，時に厳正な態度で指導することは必要なことであるが，指導にあたって体罰を行使することは，児童・生徒と教員との信頼関係を根底からくずすものであり，児童・生徒の内面的自覚の形成という教育のねらいとはまったく反するものである。

しかしながら，教員が自らの感情を抑制できないまま体罰に及ぶ例が後を絶たず，信頼関係に基づく指導を進めることについて極めて憂慮すべき現状がある。

教育指導においては，教員一人一人が，自分の言動が真に教育的意図に基づいたものであったか，児童・生徒から信頼されるに足るものであったかなどといった観点から自らを省みる態度，感情を抑制する力などを身に付けることが大切である。

また，体罰の根絶に向けて，校内研修でロールプレイ等を活用する

などして，児童・生徒の心の動きを理解する望ましい指導の在り方について徹底を図る必要がある。

(3) 開かれた学校づくりによる指導体制の確立

児童・生徒に対する指導をより実効性の高いものにするためには，各学校が開かれた学校づくりを実践し，全教職員が組織的な指導体制を確立するとともに，外部の教育力を生かすよう家庭・地域社会，関係諸機関などの連携・協力を図ることが大切である。

(4) 教員相互の協力関係を強化する

すべての教員が互いに協力して日常的に指導にあたり，教員一人一人が責任と自覚をもって，学校全体が児童・生徒にとって心豊かな学びの場となるように努める必要がある。

各学校においては，児童・生徒の指導上の課題に対して，教員が個人のみによる解決に固執したり，生活指導主任，養護教諭など一部の教員のみに解決を任せたりすることなく，互いの立場や役割を尊重しつつ，共通の方針のもとに一致した指導を進める体制づくりが必要である。

7. 薬物乱用防止の指導

文部科学省から出された，薬物乱用防止の広報では，「中・高等学校生の覚醒剤検挙数は高水準で推移しており依然として予断を許さない」状況であると指摘している。以下，東京都教育委員会の初任者研修手引きから関連する指導上の要点をまとめて示す。

❶ 薬物の乱用の弊害

薬物の乱用[drug abuse]とは，医薬品を医療目的からはずれて使用すること，あるいは，医療目的にない薬物を不正に使用することをいう。

社会生活の中で児童・生徒が興味本位で入手できたりする薬物があり，その使用によりその後の児童・生徒の成長に多大な影響を与えている事例がある。

(1) 薬物乱用の現状

東京都の場合，青少年の薬物乱用は，1965年（昭和40年）頃から10年

間ぐらいはシンナーの乱用が増加したが,その後次第に減少し,代わって1992年(平成4年)頃から大麻,コカインなどの覚醒剤の乱用が目立ちはじめ,1995年(平成7年)には,補導された高等学校生が34名と急増した。最近では,2003年(平成15年)の覚醒剤事犯の検挙数は,中学生16人(前年44人),高校生36人(前年66人)である。

　この事犯の件数は一向に減少せず,極めて憂慮すべき状況にあり,補導された数は,薬物乱用者のごく一部であり,実際にはその約10倍の薬物乱用者がいるといわれている。

(2) 薬物乱用に陥る危険な誘い

　薬物乱用に陥るきっかけや動機には,次のようなことがあげられる。

* ＊　友達や先輩に勧められて(好奇心から)
* ＊　自分の存在をアピールするため
* ＊　やせるため
* ＊　眠くならないと聞いて(受験勉強)
* ＊　かっこよい(ファッション的な感覚)から
* ＊　シンナーから更に刺激を求めて

　これらのことから,正しい知識と判断力に欠け,安易に薬物に手を出してしまう青少年の姿が想像される。この他にも覚醒剤等が,駅頭や繁華街で外国人等の密売人から比較的安価で買えるようになっていることも,薬物乱用の増加につながっていると指摘されている。

中学生及び高校生の覚醒剤事犯検挙人数　　　　　(人)

年　　度	2004	2005	2006	2007	2008	2009	2010	2011	2012	2013
中学生	7	23	11	4	8	6	7	4	3	1
高校生	41	55	44	28	34	25	30	25	22	15
合　　計	48	78	55	32	42	31	37	29	25	16

警視庁

❷ 薬物乱用防止に関する指導

(1) 基本的な考え方

　薬物乱用は，将来のある児童・生徒の一生を悲惨なものにし，家族や友人，ひいては社会的にも大きな影響を与える。

　児童・生徒が薬物に対する正しい知識をもち，自己に対する自尊感情を高め，薬物は絶対に乱用してはならないことを基本として適切な行動がとれるよう，指導の徹底を図り，かつ薬物乱用防止を学校集団全体の規範として広げ，個人の適切な意思決定を支える集団的機能を高めるように指導する。

(2) 指導の進め方

　1)　実態に応じた指導

　児童・生徒，学校及び地域社会等の実態を的確に把握し，その実態に即した指導を行うことが大切である。また，薬物乱用に関する実態調査等を行う場合は，内容の適否について慎重に検討し，実施方法や活用の仕方には，少しでも肯定の要素が入らないよう，十分に配慮することが必要である。

　2)　教職員の共通理解と指導体制

　「学校保健委員会」等の組織を中心に共通理解を図り，教職員の役割分担を明確にするなど指導体制を確立して指導にあたることが大切である。また，児童・生徒から薬物乱用に関する相談を受けた場合は，関係者と協力して対応する。

　3)　家庭や地域，関係諸機関との連携

　学校だけでの指導には限界があり，家庭や地域社会，関係諸機関と連携して指導を進めることが重要である。

　そこで，いろいろな教育活動の場面で，危険である薬物の情報を発信して，家庭や地域社会に対する啓発活動を行い，予防としての健康教育に努めることが薬物乱用防止につながる。

　覚醒剤を児童・生徒が所持していることが判明した場合は，教員個人で対応することは避けて，管理職及び保護者と連携の上，関係機関に相談し善処法について指導を受けることが大切である。教員が，個人で薬物を生徒から取り上げて破棄するような対応は絶対にしない。

薬物の指導を教育活動に位置付けるには，児童・生徒や家庭・地域社会の実態を的確に把握し，全学年を見通した指導計画を作成することが大切である。

　その際学習指導要領の趣旨や内容を踏まえ，弾力的な指導計画を立てる。

　具体的には，児童・生徒や家庭，地域社会の実態から，各学年毎の指導目標を明確化する。

　以下にその指導目標の例を示す。

1) 薬物乱用防止に関する関心を高めるとともに理解を深める。
2) 薬物乱用防止について的確に対応できる判断力と意思決定能力を培う。
3) 薬物乱用を防止し，健康な生活を実践しようとする態度を養う。
4) 薬物乱用防止には，地域社会や家庭との連携協力が必要であることをよく理解させる。
5) 体育の保健領域（小学校），保健体育の保健分野（中学校），科目「保健」（高等学校），学級活動，ホームルーム活動，児童会・生徒会活動及び学校行事との関連を考慮して指導する。

8. 性教育の課題

　児童・生徒の性に対する意識や行動は，最近の性に関する情報の氾濫などの影響により，急激に変化してきている。しかし，自己の身体的な変化や性的成熟の自覚の高まる中で，性に対する不安や悩みをもつ児童・生徒もいる。

　そこで，児童・生徒が発達段階に応じて，どのような性の課題に直面し，それを解決し乗り越えていかなければならないかをよく理解し，指導に生かす必要がある。最近では，「援助交際」などとして，安易に性的な関係をもつ者が増加し，児童・生徒とその相手になる大人の意識や行動が，社会問題になっている。以下に，東京都教育委員会の初任者研修の手引きを参考にして，指導上の留意点をまとめた。

❶ 性教育の重要性

　最近の性に関する意識の変化や性をめぐる社会状況の変化，性感染症の増加などを考えると，青少年の性に関する今日的な発達課題を明確にして，新しい課題に対応した性教育[sex education]を推進する必要がある。

　そのためには，これまで以上に，青少年の性意識や性行動の現状，性に関わる社会状況などを的確に把握するとともに，エイズを含めた性感染症への対応なども考慮し，各学校において性教育を推進することが重要である。

　性教育の基本的な考え方としては，人格の完成をめざす「人間教育」の観点に立って，成長の各過程における性に関する発達課題に即して，教育課程に位置付け，系統的に指導を進めることが重要である。

　学校における性教育の基本目標は，次のとおりである。

1)　男性，女性としての自己の性の認識を確かにする。
2)　人間尊重，男女平等の精神に基づく男女の人間関係を築く。
3)　家庭や社会の一員として必要な性に関する基礎的・基本的な事項を習得する。

❷ 性教育の進め方

　エイズ教育を含めた性教育は複合した教育課題を内包しており，各教科・領域及びその他の指導と関連して行われるので，性教育の指導内容を全教職員が正しく理解するとともに，共通理解を図りながら，学校の教育活動全体を通して実施することが重要である。

　高等学校学習指導要領では，性に関わる指導内容が「生涯を通じる健康」の内容として次のように示されている。

　「生涯の各段階において健康についての課題があり，自らこれに適切に対応する必要があること(中略)について理解できるようにする。」

　この内容は，主として「思春期と性」「家族計画」「母子保健」等を取り上げ，また，生殖器系の機能については必要に応じて関連付けて取り扱うこととなっている。また，エイズに関する指導も，科目「保健」の内容として位置付けられている。

142　第7章　21世紀の教育課題

9. 学校教育と生涯学習の関わり

❶ 各種審議会答申の経緯

1984年（昭和59年）に設置された臨時教育審議会[Temporary Council for Education]は，4次にわたる答申で，**生涯学習体系**への移行を主軸とする教育体系の総合的な再編成を提言した。

その後，中央教育審議会[Central Council for Education]は，1990年（平成2年）1月の答申，1991年4月の答申，更に生涯学習審議会は1992年7月の答申において，学校教育を生涯学習の一環としてとらえ，生涯を通じて，いつでも自由に学習機会を選択して学ぶことができ，その成果を評価するような生涯学習社会を築いていく必要があると提言をした。

生涯学習[lifelong learning]とは，自己の資質や生活の向上，職業上の能力の向上などをめざし，各人が自発的意思に基づいて，学習の内容・方法を自ら選択しながら，一生を通じて行う主体的な営みである。そこで，生涯学習時代における学校の役割は，生涯学習の基礎づくりをすることと，地域に開かれた学習の機会や場を提供することである。

学校教育においては，生涯学習の観点から，教育内容の見直しを図るとともに，「**開かれた学校**」[opened school]の実現など，より一層の学校の変革が期待されている。「開かれた学校」とは，学校のもつ教育機能や施設を地域社会に開放するとともに，家庭・地域社会とも連携し，地域の人材などの教育力を活用し，特色ある学校運営を図ることである。

現在，多くの学校では，体育施設の開放，公開講座の実施，生涯学習講座の設置，聴講生の受入れなど，地域に開かれた学校をめざして様々な事業を実施している。今後とも学校教育の工夫改善を図るとともに，学校が地域における生涯学習の拠点となるよう努める必要がある。

また，2002年（平成14年）から実施された完全学校週5日制は，「ゆとり」の中で子供たちに「生きる力」をはぐくむことをめざしており，学校，家庭及び地域社会が連携しながら，それぞれの機能や役割を生

かして，子供たちが主体的に人間形成を図ることができるように，その環境づくりを行っていくことが重要である。

❷ 学校教育と社会教育の連携強化

　学校の教育課程として行われる教育活動以外の，主として青少年や成人に対して行われる組織的な教育活動が「**社会教育**」である。（社会教育法第2条）

　社会教育は，公私の別や方法を問わず，組織的教育活動を総称するため，その範囲は広く，かつ学校教育のように体系化されていないため全体を把握することは容易でない。このため，学校教育との関係は，必ずしも明確ではなく，例えば，夏季休業期間中のプール指導を，学校教育と社会教育のどちらに位置付けるかというような接点の問題が以前から論議されてきた。

　しかし現在では，両者の関係の論議には大きな進展がみられ，教育改革の動きの中で，その関係や性格が改めて見直され，両者とも生涯学習体系の中に位置付けられるようになった。このような改革が進められた大きな要因は，「家庭や地域社会の教育力の回復」のためには，児童・生徒の育成が，学校・家庭及び地域社会の3者の共通の役割であるとする観点から，3者が相互に連携・協力して教育環境を整備し，教育力の回復にあたる共通認識が定着してきたためである。

　これからは，学校教育も社会教育も，生涯学習の体系に包括され，これを総合的に推進するために，一層の連携・協力が求められている。

❸ 生涯学習の理念

　教育基本法（2007年12月）の改正により，新規に生涯学習の理念が第3条に次のように明記された。

　「国民一人一人が，自己の人格を磨き，豊かな人生を送ることができるよう，その生涯にわたって，あらゆる機会に，あらゆる場所において学習することができ，その成果を適切に生かすことのできる社会の実現が図られなければならない。」

第 8 章 教員への道をめざす

1. 教育実習への取り組み

　教育実習[teaching practice]は，大学の教職課程[course for teaching profession]で学んできた理論的・技術的な学習成果を，学校現場で教員や子供たちと関わりながら，主体的な研究姿勢で実践的に検証し，その深化を図るとともに，学校教育の実際を体得するものである。

　従って，教育実習は教職課程履修の総仕上げとして，受け入れ校の指導教員等の指導を受けつつ，実際に児童・生徒と関わりながら教育指導に従事し，一般の教員と同じ勤務を行うのである。

　このことは，単に授業を担当することだけではなく，実際の教育現場のすべての教育活動に関わりながら，教育に対する必要な知識や技能や態度を身に付けると同時に，教職の意義や役割を自覚し，教員志望の意志を確かなものとするよい機会となる。

　この教育実習は，教員免許状を取得するためには欠かせず，小・中学校では5単位以上,高等学校では3単位以上が義務付けられている。

　各大学では，教育実習の事前・事後指導があり，この単位が1単位の場合は，小・中・高での教育実習の期間は，小・中学校免許状では最低4週間以上，高等学校免許状では最低2週間以上と決められている。

　実習生にとっては，できるだけ学校現場で児童・生徒との実体験を通し，教員として必要な資質を培うことは大変有意義なことである。

　しかし，教育実習が長くなると，受け入れる学校側には負担が多くなり，大変な迷惑を掛けることとなる。そこで，「教員免許状でも取得しておいた方が有利」などの安易な気持ちで教育実習に臨んでは，受け入れ校に失礼であり，このことを実習生はよく自覚し，真剣に教育実習に取り組む責任がある。

1. 教育実習への取り組み　　145

❶ 教育実習の意義

　教育実習を体験した学生は，次のように感想を述べている。

　「なんともいえない緊張と不安の中でスタートした教育実習。毎日が初体験と勉強の連続で，長いと思っていた2週間はあっという間に過ぎていきました。」

　「私にとって教育実習生としての2週間は，大学生活4年間で最も充実していた時であり，一番の思い出になる。実習中に先生方にいろいろとご指導頂いたお陰で，学生の頃感じていた学校教育の『なんでだろう…』の部分が実体験を通して理解が深まったように思っている。

　特に私がお世話になった学校は，生徒のことを第一に考え，学習指導だけでなく生徒指導の面でも，熱心に生徒と向き合う先生方ばかりでした。とても良い学校で教育実習をさせて頂けたことをとても嬉しく思います。また，教育実習期間中に行われた球技大会では，担任クラスの生徒だけでなく学校全体の生徒と接する機会が持て，教室で見せる顔とは違った生徒の顔を見ることができ，生徒を理解する良い手掛かりにもなりました。私を支えてくれた多くの先生方や生徒達に感謝の気持ちで一杯です。これから教育実習を行う人に一言，『生徒はしっかりと先生を見ています』。学校側にとっては実習生でも生徒にとっては先生なのです。あたり前のことなのですが，『先生』という自覚をいつも持ち，生徒に笑顔で接してほしいと思います」と感想を述べている。

　またある学生は，私が教育実習で学んだことは，授業後に生徒に「今日の私の授業どうだった？」と話してみると，素直に厳しい意見をぶつけてくれるので，いろいろと考えさせられた。まさに「生徒に鍛えられた」と述べている。

　多くの学生が，教育実習の体験をすることにより，一層教員への願望が高まることをみても，教育実習の意義は大きいことが理解できる。

　一般的に教員は，直接生徒と接して教科指導を行い，学級活動や部活動で指導し，進路の相談を受け，生活指導をするなどの多様な教育活動を行っている。

　授業一つを取り上げても，授業計画を立て，教材研究をし，教具を

準備するなど多面的な活動がある。それらの多くは，対生徒との関係で進行する活動である。

　従って，教師には，専門的な理論とともに，それを実践的に応用し活用する能力が求められる。更に，教師には，上記の専門的知識ばかりでなく，教育者としての使命感，広く豊かな教養や実践的指導力などの多面的な資質も求められる。

　このことからみても，大学の教職課程の講義による学習だけでは体得することができない事柄が多い。

　これらの実践的な指導力を体得するためには，実際，教壇に立ち，直接生徒を指導するという体験や，熟練教師の授業参観などの多面的な教育活動を体験することが必要である。

　このような体験的な活動を通して，指導上の問題点や生徒の反応などの多くの課題に出会い，自分の弱点に気付き勉強の必要を再認識し，これらの課題解決に取り組むことで，教員としての資質が身に付くのである。

❷ 教育実習の心得

(1) 実習校の決定と事前準備

　大学の教職課程の担当者と連携して，実習校を決定する。原則的には，出身校や附属校に受け入れを依頼する場合が多い。

　実習校への依頼は，実施1年前の4～5月頃依頼するのが一般的であるので，大学からの依頼状を持参して当該校へ出向く必要がある。

　その場合，事前に副校長・教頭に電話してアポイント[appointment]をとって出かけること。出身校に，恩師がいれば依頼しやすいが，普通は異動して知り合いの先生がいないのがあたりまえであり，自ら足を運んで礼をつくし，真摯な態度で依頼することが大切である。

　実習受け入れ希望日時を申し出て，該当校の都合で受け入れ日が希望どおりにならない場合でも，こちら側で変更できるようにしておき，受け入れ校の指定する実習期間に合わせる姿勢が必要である。日程が確定したら，大学から正式な依頼状を出してもらう手続きをする。

　以上は，1年前に対応することである。

1. 教育実習への取り組み　　147

実習する年度に入ったら，実習期間の2〜3か月前までに，当該校に電話して，打ち合わせのためのアポイントをとる。

　打ち合わせの日には，副校長・教頭か担当者に会い，担当教科・科目，使用教科書・副教材，担当するクラス等について聞き，指示を受ける。

　担当科目や範囲が事前に分かれば，教材研究を十分しておくことができる。

　とにかく，実習期間は，緊張し，気疲れするので，体調を整え，自信をもって教育実習に臨めるよう，十分に事前準備をしておきたい。

　特に，日常の言葉づかいに気配りしたり，誤字，板書する漢字の書き順などにも配慮したい。大学の事前講義の中で，模擬授業などを事前体験することも効果的である。

(2) 実習期間の注意事項

　教育実習生は，生徒にとっては先生であり，甘えは許されず，微力ながらも誠意をもって指導する姿勢を常にもつことが大切である。

　一般的なことについては，社会人として常識を逸脱しないように配慮すれば，特に問題はない。

　朝は，交通事情も考えて，始業30分前までには，出勤すること。また，担当指導教員より遅く退勤する心掛けも必要である。

　毎日欠かさず，出勤簿に捺印すること。校門で遅刻指導などしていたら，一緒に立たせてもらい，指導方法を学ぶ。

　出勤時の朝の挨拶は，元気よく笑顔で対応する。廊下ですれ違った時などの教職員への会釈も，忘れずにすること。

　担当したホームルームの生徒の名前と顔が一致するように努力する。

　担当授業外での生徒の問題行動等については，独断で判断しないで，担当の先生に早めに連絡し，指示を受けること。

　教育実習の中心は，やはり教科・科目の授業であり，事前に教材研究や生徒理解に努めて，工夫した授業を展開する。

　一般に授業は，教師主導の講義中心になりがちなので，生徒参加型の授業になるように工夫し，発表や討論形式や班学習などを活用して，生徒の発言の機会を多く与えるような授業を実践したい。

実習報告書あるいは実習日誌は，毎日その日に整理し，指導教員に提出して指導を受ける。一日の終わりにまとめようとしても，いろいろな仕事に追われ，忘れることも起こるので，記録ノートを常に携帯し，その時々の要点をメモし，それを見ながら報告書を作成するとよい。

(3) 実習終了後の対応

お世話になった実習校の校長，副校長・教頭，指導教員等への礼状を出す。

そのとき，教員になりたいとの意志を伝えたい。

返却された実習報告書は，点検して，指導教員・校長印の捺印を確認した上で，大学の担当者に提出する。

また，実習中に知った，教職員や生徒のプライバシーに関することなどは，実習が終わったからといって他人に漏らすことは許されない。実習生でも秘守義務を果たす必要がある。

更に，生徒との個人的な文通や交際なども厳禁である。

特に，実習受け入れ校と大学の関係は，今後も続くので，自分との関わりだけを考えることは許されず，今後も他の学生たちが世話になることを考え，受け入れ校から「また教育実習生を送ってください」と言われるように，振る舞う責任がある。

▌ 2. 介護等体験と教員免許取得 ▌

義務教育に従事する教員が，個人の尊厳及び社会連帯の理念に関する認識を深めることの重要性にかんがみ，教員としての資質の向上を図り，義務教育の一層の充実を期する観点から，「小学校及び中学校の教諭の普通免許状授与に係る教育職員免許法の特例等に関する法律」が，1997年（平成 9 年）6 月施行され，1998年度入学生から，小・中学校教諭の普通免許状を取得する者は，障害者，高齢者等に対する看護，介助，交流等の体験をすることが義務付けられた。

介護等体験の実習は，特別養護老人ホーム，心身障害者福祉センター，児童養護施設等の福祉施設において，5 日間の実習を行う。また盲学校，聾学校，養護学校等の特別支援学校において，2 日間の実習を行う。

看護等を体験する対象施設は，特別養護老人ホーム，児童養護施設，障害者施設等及び特別支援学校等であり，参加者は大学から各都道府県教育委員会に申請し，体験場所が指定される。

　介護等体験に先立って，参加者は，看護体験の講義を受講して，高齢者福祉，障害者福祉，児童福祉の理解等を深めておく必要がある。

　この介護等体験は，高齢者や障害者等の理解を深めるとともに，自己の人間性を見つめ直し自己理解を深めることにもなる。

■ 3.　教職実践演習について ■

　この「教職実践演習」という教職科目は，2010年度（平成22年度）以降の入学生の必修科目として新しく導入され，各大学とも教育実習体験後の４年次後期に開講されている。教員志望の学生は，この科目の履修を通じて，将来，教員になる上で，自己にとって何が課題であるのかを自覚し，必要に応じて不足している知識や技能等を補い，その定着を図ることにより，教職生活を円滑にスタートできるようになることが求められている。「教職実践演習」は，教職課程の他の授業科目の履修や教職課程外での様々な活動を通じて，学生が身に付けた資質能力が，教員として最小限必要な資質能力として有機的に統合され，形成されたかについて，各大学が自らの養成する教員像や到達目標等に照らして最終的に確認する，いわば全学年を通じた「学びの軌跡の集大成」として位置付けられた科目である。

　この科目は，教員として求められる以下の４つの事項を含めることとされている。

　　① 使命感や責任感，教育的愛情等に関する事項，② 社会性や対人関係能力に関する事項，③ 生徒理解や学級経営等に関する事項，④ 教科内容等の指導力に関する事項

　また，この科目の企画，立案，実施にあたっては，常に学校現場や教育委員会との緊密な連携・協力に留意することが求められている。

　授業内容は，どのような授業を行えば，学生が教員として最小限必要な資質能力の全体を修得できているか（理解しているか，身に付い

150　　第8章　教員への道をめざす

ているか)を確認できることが求められている。

▌ 4. 教員免許状の取得 ▌

　教員になるためには，各校種の免許状を取得している必要があり，免許状には，普通免許状，特別免許状，臨時免許状がある。

　普通免許状は，教諭，養護教諭の免許状であり，専修免許状，一種免許状・二種免許状(高等学校の教諭は，専修免許状，一種免許状のみ)に分けられている。

　教員免許は，取得すればすべての都道府県において効力がある。

　特別免許状は，教諭(幼稚園を除く)の免許状であり，授与された都道府県で5年以上10年以内有効である。

　臨時免許状は，前者と同様で期間が3年間のみ有効である。

　免許状は，国公私立の学校の教員の別なく，申請した各都道府県教育委員会が授与することになっている。免許更新制度が2009年度から実施され，10年毎に認定講習の受講が義務付けられた。

　免許状の基礎資格は，**専修免許状**は大学院の修士課程修了(修士)，**一種免許状**は学部修了(学士)である。**二種免許状**は，短期大学修了(準学士)である。また，大学で修得する教職関連科目の単位数は，教育職員免許法で規定されている。

　教員免許状取得に必要な最低単位数は，教科に関する科目，教職に関する科目，教科又は教職に関する科目それぞれの最低修得単位数が決められていた。しかし2016年度に教育職員免許法の一部改正により，3つの枠が取り払われ，「教科及び教職に関する科目」の一括りとなったが，従来からの修得単位数の合計には変わりはなく，各大学の主体的な教職課程編成が期待されているといえる。

教員免許状取得に必要な最低単位数　2016.11.28改正　2017年度施行

免許状の種類	高等学校教諭		中学校教諭			小学校教諭		
	一種免許	専修免許	二種免許	一種免許	専修免許	二種免許	一種免許	専修免許
教科及び教職に関する科目	59	83	35	59	83	37	59	83

前ページの表は，教員免許取得に必要な科目の最低単位数であるが，できるだけ多くの教職科目を修得し，教員としての潜在的資質を高める必要がある。

また，教員になれたからといって満足せず，生徒は日々成長しているのであり，教員自身も資質向上をめざし研修に取り組む必要がある。

そのためには，教員が研修し易い環境づくりが必要であり，現職教員が大学院で学べるシステムづくりが求められており，研修のための休業制度や実践的指導力を高める科目の単位修得の具体化が進められている。

また教員の資質向上には，教員の養成内容の変更だけでは対応できず，初任者研修の充実はもとより，教育公務員特例法第24条の10年経験者研修は中堅教諭等資質向上研修として位置付けられた。

5. 教員採用選考試験

教員採用選考試験は，公立学校の場合，全国47都道府県と20の政令指定都市の教育委員会が実施している。私立学校は，設置者である各学校が行っている。以下，教員採用選考試験の方法や内容等について述べる。

❶ 公立学校教員採用選考試験

教員採用試験は，正式名称を「公立学校教員採用候補者選考試験」といい，採用者を決定するための試験ではないが，教員として採用する候補者を選考する目的として行われている試験である。従って，試験に合格して初めて採用予定者（候補者）の名簿に登載されることになる。

実際の任用はその自治体の教員の欠員の実態に応じて，名簿順位の上から順に採用が決まっていく。この名簿に登載される期間は1年間である。

(1) 教員採用までの流れ

1) 願書の配布

願書は，4月の下旬から6月の上旬にかけて配布される。

配布する場所は，地元の教育委員会である。つまり地元の市役所や県庁などに行って直接に貰ってくる。遠い都道府県を受験するときは，その教育委員会の電話番号を調べて願書を請求する。なお，東京にある全国都道府県会館の各都道府県の東京事務所に行って願書を貰うこともできる。また，各教育委員会はホームページを開いているから，教員採用の情報も入手できる。

2) 出願の受付

願書を手に入れ，必要事項を記入したら，次は出願手続きである。

手続きには郵送と持参とがあるが持参が原則である。あまり遠い場所や不都合がある場合はやむを得ないので郵送になる。

郵送の時には，締切日を確認し簡易書留で郵送する。出願期間は5月上旬から6月下旬の間であるが，東京都のように5月上旬頃の短い期間のところもある。

3) 試験方法と試験会場

試験方法は都道府県によって異なる。1回の試験で採用候補を決定するところと，1次・2次に分けて選考するところがある。

試験会場は地元の公立小・中・高等学校である。自治体によっては，東京会場を設けるなど，県外の受験生に配慮しているところもある。また，校種・教科・科目などによって試験会場が違う場合がある。一度は試験会場を下見するくらいの余裕がほしい。

a) 第1次試験

7月に集中している。例年一番早いのは北海道で7月の第1週の日曜日で，関東の各県は第2週，東北各県は第4週の日曜日に集中している。

試験科目は，一般教養，教職教養，専門教科の筆記が基本で，そこに論作文や適性検査・面接が加わる。一般教養は除外する県もある。

第1次の結果は7月末から9月初めにかけ判明する。この合格者が第2次試験を受けることになる。

b) 第2次試験

8月から10月にかけて実施される。試験内容は多様で論作文や適性検査，面接（集団討論を含む）などである。東京ではここ数年，学

5. 教員採用選考試験　　153

習指導案を持参させ,10分間ほどその説明と模擬授業を行っている。

4)　教員候補者名簿への登載

　合格者の発表時期は,　だいたい10月末から11月にかけて,　本人に直接通知する他に,　県庁などにも掲示される。なおAランク(本採用候補者)・Bランク(本採用候補者と一部臨時講師候補者など)・Cランク(臨時候補者)の3段階,　またはA・Bの2段階に分けられて,　公立学校教員採用(予定)者名簿に登載される。

5)　合格から採用まで

　教育委員会や学校長などの面接が行われる。採用が決まる時期は県によって異なっているが,　だいたい10月末から翌年の3月末頃が多い。現職教員の定員調整や採用辞退者を見込んで,　やや多めに登載される。

6)　試験の実施内容

　筆記試験は大きく分けて,　一般教養・教職教養(教職専門)・専門教養(教科専門)・論作文(小論文など)がある。

a)　一般教養の出題内容

　人文科学(国語・古典・英語・音楽・美術など)・社会科学(地理・歴史・政治・経済・時事など)・自然科学(数学・物理・化学・生物・地学・天文など)に分けられ,　教員としての必要な知識・理解力の程度をみる。

　ほとんど都道府県の第1次で実施されるが,　人文・社会・自然の出題比率はまちまちである。なお,県によっては実施しなかったり,教職教養や論作文などと併せて行ったり,　同和問題を含めているところもあるので,　事前によく調べておく必要がある。

b)　教職教養の出題内容

　教員として必要な学校教育に関する知識とその理解をみる。出題内容は,　教育原理(教育哲学・教育史・生徒指導など),　教育法規(学校教育に関する法規),　教育心理(児童心理・青年心理・教育評価),　学習指導要領第一章総則などに分類できる。

　一般教養を出題しない県もあるが,　教職教養は必ず出題される。

c)　専門教養の出題内容

受験する校種（小・中・高・特別支援学校など），教科（英語・社会・商業・工業など）毎に実施される。過去の問題の傾向を調べ，専門的な知識と理解を確実に習得すること。また校種・教科によっては，実技や模擬授業などを加えて実施する県もある。

d）　論作文（小論文など）

人物重視の選考で重視されるのが，この論作文と面接である。

提示された課題について意見や考えを述べるのであるが，一定の制限時間・制限字数で論述させる形式で行われることが多い。制限時間は大体において，50〜90分の範囲，字数は800字以内が中心であるが，800〜2,000字で行われることもある。

出題されることが多いテーマは教員の志望理由，教員としての心構え，教育観，学校の在り方，生徒の指導法，教育時事（生きる力の育成など），その他の一般問題等があげられる。志望する県の出題傾向をよく調べておく必要がある。

e）　面接試験

面接内容は自治体・校種・教科によって千差万別であるが，方法として個人面接と集団面接とに分かれ，更に集団討論，模擬授業などがある。

個人面接は1名または数名の面接官が受験生1名にたいして10〜15分の質疑応答を行う。集団面接は面接官2〜5名で受験生5〜8名，そして時間は30〜60分の間で行う。方法として受験生全員に対し同じ質問をして順に答えさせる形式や，各受験生に個別の質問をしていく形式などがある。

集団討論はある議題について自分の意見を述べて議論をする。議論に勝つことより，討議の流れをうまく進められることの方が評価されることが多い。模擬授業は板書テストや，ある授業場面を模したものなど，方法は様々である。

面接試験では，身なりやしゃべり方（声の大きさ・口調・敬語など），姿勢や立ち居振舞い（入退室の仕方・挨拶・面接中の態度など）の常識的なことに注意する。なお，自分が提出した出願書類の内容から質問されることが多いのでコピーをとっておき面接の前に一度

は繰り返して見ること。日頃から十分健康管理に気を付けて，試験に臨むこと。

面接試験は，その人間の人となりや教育観をみるために行っている。

教員は常に生徒達と接しているわけであるから，対人関係で良い印象が求められる。

また，面接の場では即答が求められるので教育に関する問題には，日頃から関心をもち自分でよく考えておく。

よく論文や面接で，現在の教育を全面否定し自分の教育論を勇ましく述べる人がいるが，教育を真面目に考えているのであろうが，余りにも一方的すぎると誤解を招く。

教育が様々な問題を抱えていることは事実である。しかし，文部科学省をはじめとして現場の先生方は，生徒のために様々な努力をしていることを忘れてはならない。

いろいろな教育改革の動きを無視して教育について語ることは教育の現状をまったく理解していないという印象を与えてしまう。

f）　実技試験

知識偏重型の採用試験を，より総合的な面からみるために，面接・論作文などとともに重視される傾向にあるのが，実技試験である。

共通実技としては，運動能力テスト（高等学校はない場合もある）がある。中・高等学校では音楽・美術・家庭・技術などの教科でも実施されるが，英語（ヒアリングやリスニング，英会話など），理科（模擬実験），あるいは工業・商業（コンピュータ）にも実技試験があるかどうか情報を集めることが必要である。

g）　適性検査

多くの都道府県で実施され，第1次あるいは第2次試験の間に行われている。方法として内田・クレペリン精神作業検査（連続加算テスト）が最も多く，次にYG（谷田部・ギルフォド性格検査，質問紙法の一つ）その他にもMMPI（ミネソタ多面的人格目録，質問紙法の一つ）やロールシャッハテスト（投影法）なども行われている。

(2) 教員採用選考の最近の傾向

教員採用選考試験が変化して，これまでの筆記試験重視からいわゆ

る「人物重視」へ移っている。

1996年4月25日，文部省は「教員採用等の改善」についての通知を出した。これからの教員試験がどうなるかこの通知が参考となる。

「教員採用等の改善」の基本方針によると，

1)　多様な資質能力や体験をもつ人材が求められているため，知識の量のみにとらわれず個性豊かで多様な人材を幅広く教員として確保すること。

2)　採用選考の在り方では筆記試験の成績を重視するより，人物評価重視の方向に向け，選考方法の多様化，選抜尺度の多元化の観点から改善する。

具体的な改善策として，次のようなことがある。

a)　最終合否判定で第1次の筆記試験結果を考慮しないなど筆記試験の比重軽減

b)　教育実習の評価の活用

c)　採用者数の平準化のための計画的な教員採用など

(3) 人物重視について

面接試験では筆記試験では分からない「人柄」や「印象」をみる。まず教員は人との関係が重要であるから，第一印象を良くしたい。この点が最も重視される。

また「意欲」や若い「活力」など，話し方や動作などからも判断する。評価は記号化され，判定は総合点による。

この場合，人物重視となれば面接が合否のポイントとなろう。

面接の準備としては，日頃から教育改革の動向を知っておくことと，最近の教育界の話題について自分の意見をまとめておくことが必要である。そのため新聞やニュース，そして教育雑誌なども目を通し，自分の職業観や理想の教師像についてもまとめておく必要がある。

❷　私立学校教員採用試験の概要

私立学校は，それぞれ独自の教育方針をもっているため，教員採用にあたっては，各学校単位に独自に採用試験を行っている。従って，採用の時期や方法も多様である。

受験にあたっては，志望する学校に問い合わせ，手続きに遺漏のないように心掛けることが大切である。なお，各都道府県の中には，私立中学高等学校協会（私学協会）が，毎年私学教員適性検査を実施しているところもあり，その受験者名簿が協会加盟校に配布される。志望校の所属する私学協会に問い合わせてほしい。

また，上記の検査受験にかかわらず，私学協会に履歴書を委託することも可能である。以上を含めて，私立学校の教員採用の方法はだいたい次のとおりである。

(1) 新聞広告や各大学への求人票などによる一般公募
(2) 先輩などからの紹介
(3) 各都道府県の私学協会の教員志望者名簿に登載（私学適性検査受験）
(4) 各都道府県の私学協会に履歴書を委託（各学校で閲覧）

❸ 教員採用選考試験への対応

(1) 教員採用をめざした勉強法として，基礎・基本的なことから始めようと考えている諸君は，教職サブノートを作成することから始めてみる。例えば，一般教養・教職教養・専門教養・論作文・教育時事など項目別にサブノートを分け，常に学習した段階で整理する。

(2) サブノートに必要事項を書き加えていけば筆記試験対策として十分である。

(3) 論作文は講習会等に積極的に参加し，文章形式に関することや内容に関することの二面から勉強する。

(4) 専門教養に関する勉強方法として，授業に出席して講義を聞くだけではなく，まず各教科ともに基礎的・基本的となる範囲をしっかり学習しておく。

(5) 当面する教育課題の把握と，キーワードについての的確な理解をしておくことが必要である。

(6) 各都道府県の教育委員会毎に，教育目標が決められている。教員採用選考試験に臨む場合，その県の教育目標に目を通し，教員になろうとする心構えを固めておく必要がある。

第 9 章 今世紀の学習指導要領の役割と変遷

　最近の学習指導要領[course of study]改訂のキーワードをみると，1977(昭和52年)の改訂は「教育の人間化」，1989年(平成元年)の改訂は「教育の個性化」，1998年(平成10年)の改訂は**教育の総合化**，2008年(平成20年)の改訂は教育基本法の改正を受けて「生きる力」の理念の実現をめざし，「確かな学力の確立」の定着を求め，知識及び技能の習得と思考力，判断力，表現力等の育成のバランスを重視してきた。

　2017年3月改訂では，知識の理解の質を高め，確かな学力と豊かな心や健やかな体の育成をめざし，小・中学校に「道徳」が特別の教科として確立された。更に，知・徳・体にわたる生きる力をはぐくむために，「何のために学ぶか」という学習の意義を共有させ，授業の創意工夫により，すべての教科で「知識及び技能」「思考力，判断力，表現力等」「主体的に学習に取り組む態度」の3観点から指導の改善・充実をめざしている。

　また，外国語教育の充実のために，小学校3・4学年に「外国語活動」，5・6学年には「外国語科」が導入され，小・中・高等学校の一貫した指導が期待される。

　改善にあたって，学習時間の確保，教育課程編成の弾力化，学校外活動の単位認定の拡大及び「総合的な学習(探究)の時間」の展開にあたって異学年交流や従来の指導組織を流動化させる工夫も必要となる。

　そのためには，従来の教員同士の関係では新しい教育課程の実施は困難であり，教員の意識改革により，教員の間に新しい関係をつくることが緊急の課題である。つまり，学級経営でも自分の矛盾や葛藤を互いに出し合い共有した問題意識がもてるチームとしての学校組織や教員同士の関係を再構築することが求められている。

■ 1. 改訂の趣旨と検討の経緯 ■

　わが国は1945年の第二次世界大戦の終戦後，民主主義の教育理念に基づく新しい教育制度を出発させ，それから半世紀が経過し，21世紀を迎え今日に至っている。この間の経済の成長，交通・情報通信システムの急速な整備など，様々な分野における進展は，わが国社会を著しく変貌させてきた。人々の生活水準は向上し，生活は便利になったが，その反面，人々の生活は「ゆとり」を失い，慌ただしいものになっている。家庭もその有様を変貌させ，地域社会も地縁的な結び付きや連帯意識を弱めてしまっている。

　このような社会の大きな変化の中で，児童・生徒の教育環境も大きく変化した。経済水準の上昇，高い学歴志向等に支えられて高等学校・大学等への進学率は急激に上昇し，教育は著しく普及してきた。

　また，食生活や生活様式の変化などを背景に，子供たちの体格は大いに向上した。

　しかし，児童・生徒の生活は大人社会と同様に慌ただしいものとなり，過去の児童・生徒にはなかった積極的な面が見られる一方で，社会性や倫理観の不足，自立の遅れ等様々な教育上の課題が生じている。

　更に，児童・生徒を取り巻く家庭や地域社会についても，その教育力の低下など様々な教育上の課題が指摘されており，このような変化に対応して，学校教育をどのように改善を図るかということが課題となり，中央教育審議会は，初等中等教育の教育内容の在り方等に関し次のような提言を行ってきた。

❶「21世紀を展望したわが国の教育の在り方」
（中央教育審議会答申1996年）

　第15期中教審第一次答申（1996年7月）では，今後の教育の基本的方向が示され，従来の知識偏重型教育から，「ゆとり」の中で「生きる力」をはぐくむ教育へと，学校教育の基調の転換が提言された。

（1）豊かな人間性，正義感や公正さを重んじる心，人権を尊重する心，

自然を愛する心など時代を超えて変わらない価値のあるものを大切にするとともに，社会の変化に的確かつ迅速に対応する。

(2) これから求められる資質や能力は，変化の激しい社会を「生きる力」である。

(3) 今後の教育では，学校・家庭・地域社会全体を通して，「生きる力」をはぐくむことを重視し，そのためには，一層個性尊重の教育を推進する。

同答申では，「生きる力」の重要な要素として次の点を挙げている。

＊　いかに社会が変化しようと，自分で課題を見つけ，自ら学び自ら考え，主体的に判断し，行動し，よりよく問題を解決する資質や能力の育成

＊　自らを律しつつ，他人とともに協調し，他人を思いやる心や感動する心など，豊かな人間性とたくましく生きるための健康や体力

また，同答申は「ゆとり」の中で「生きる力」を育成するための基礎・基本の徹底を図る観点から，完全学校週5日制の導入を提言するとともに，そのねらいを実現するために，教育内容を厳選し，全体として授業時数の縮減を行うことを提言した。

なお，教育内容を厳選し，全体として授業時数の縮減を図った場合，学力を単に知識の量の多少のみでみると学力水準が低下するとの懸念もあるが，これからの学力は，いかに「生きる力」が身に付いているかを評価すべきであると指摘している。

そこで1998年の教育課程の改訂にあたっては，「生きる力」の育成を基本とし，知識を一方的に教え込むことになりがちであった教育から，子供たちが自ら学び，自ら考える教育への転換をめざし，知・徳・体のバランスのとれた教育を展開し，豊かな人間性とたくましい体をはぐくむことを重視することとした。

学校は，その実現のために「ゆとり」のある教育環境で，一人一人の子供を大切にした「ゆとり」のある教育活動を展開する。

そのために，

(1) 教育内容の厳選と基礎・基本の徹底

(2) 一人一人の個性を生かすための教育の推進

(3) 豊かな人間性とたくましい体をはぐくむための教育の改善

(4) 横断的・総合的な指導を一層推進するため，各教科の教育内容を厳選することにより時間を生み出し，一定のまとまった時間（「総合的な学習の時間」）を設ける。

などの提言が示された。

❷ 中教審第二次答申（1997年6月）

21世紀のための教育の目標とともに，今後の教育の在り方を検討する際の観点として，「一人一人の能力・適性に応じた教育の在り方」について次の5点をあげている。

(1) 今後の教育は，「ゆとり」の中で子供たちに「生きる力」をはぐくむことをめざし，個性尊重を基本的な考え方とする。

(2) 形式的な平等の重視から，個性の尊重への転換を図る。

(3) 国際化，情報化，科学技術の発展，高齢化などの社会の変化に適切に対応し，個性的，創造的な人材の育成が不可欠である。

(4) 思いやりや社会性，倫理観，正義感等の豊かな人間性や伝統文化の尊重など，時代を超えて変わらない価値のあるもの（不易）を重視する。

(5) 教育における子供たちの選択の機会や，学校・地方公共団体等の裁量の範囲の拡大が必要である。

入学選抜の改善については，学力試験の偏重を改め，選抜方法・尺度の多様化の推進が提言され，また学校制度の複線化構造を進める観点からは，中高一貫教育の選択的導入が提言された。また，教育上の例外措置として，個性尊重の考えに立って，稀有な才能を有する者（数学・物理）について，大学年齢の制限を緩和（17歳以上，高等学校2年間在学）することが提言された。

更に，高齢社会に対する教育の在り方については，「学校・家庭・地域社会における教育の充実を図り，子供たちに豊かな人間性をはぐくむとともに，子供たちが高齢者と触れ合い，高齢者から学んでいく」ことの大切さが提言された。

また，徳育の充実，教育内容の一層の精選と重点化，中等教育段階の教育内容の多様化等，初等中等教育の教育内容全般について幅広い提言が行われた。

　これらの提言を通じ，生涯学習社会の中で学校教育が果たすべき役割や，幼稚園から高等学校までの一貫性のある教育の必要性，各学校の創意工夫を生かすための教育内容の基準の一層の弾力化などが示され，以後の審議会等の検討の基本とされた。

❸「新しい時代を拓く心を育てる」(中教審答申1998年6月)

　中央教育審議会から，1998年6月に出された，この「次世代を育てる心を失う危機…」の答申では，

(1) 未来に向けてもう一度我々の足元を見直そう

(2) もう一度家庭を見直そう

(3) 地域社会の力を生かそう

(4) 心を育てる場として学校を見直そう

との提言が示され，国民一人一人がこの提言を手掛りとして，できるところから取り組んでほしいと述べられている。

　また，同年7月，「今後の専門高等学校における教育の在り方等について」理科教育及び産業教育審議会から答申が出された。

　この内容は「専門高等学校は，中堅技術者，事務従事者等わが国の経済の発展を担う多くの人材を輩出するとともに，ものづくり等の実践を通して，望ましい勤労観・職業観の育成や豊かな感性や創造性を養う総合的な人間教育の場として大きな機能を果たしてきた。しかし，21世紀を展望すると，技術革新，国際化，情報化，少子高齢化等が一層進む中では，高度の専門的な知識や技術・技能を有するスペシャリスト[specialist]が必要となり，専門高等学校はスペシャリストの育成という役割を担っていく必要がある」とし，専門高等学校の教育内容等の改善・充実を図るための課題として，次の4点が示され検討された。

　1) 産業界で必要とされる知識や技術・技能の高度化等を踏まえて，完成教育としての職業教育ではなく，生涯学習の視点を踏まえた教育の在り方

2) 技術革新，国際化，情報化，少子高齢化等による社会の変化や産業の動向等に適切に対応するため，新たな教科の創設を含めた教育内容の検討

3) 高等学校進学率の上昇に伴う生徒の多様化，普通科志向や高等学校間の序列意識の影響等による目的意識が不明確な生徒の入学などに対応するため，生徒一人一人の個性を育て伸ばしていくことを重視した教育の在り方の検討

4) 地域社会を担う人材の育成や産業界等における最新の知識や技術の指導のため，地域や産業界と連携した教育の検討

このような背景のもとに，1996年8月に「幼稚園，小学校，中学校，高等学校，盲学校，ろう学校及び養護学校の教育課程の基準の改善について」文部大臣から教育課程審議会に諮問が行われた。教育課程審議会においては，中央教育審議会答申及び理科教育及び産業教育審議会の答申を踏まえ審議を行い，1998年7月29日に答申した。

この答申では，1989年の教育課程の基準改訂以後の学校を取り巻く社会状況の変化や学校教育の現状と課題に適切に対応するとともに，社会の変化とそれに伴う生徒の生活や意識にいかに対応していくかという観点が重視された。

そして，これまでの諸提言をも踏まえつつ教育課程の基準の改善にあたり，基本的な考え方として次の7点が示された。

(1) 各学校段階の役割の基本が示され，「高等学校においては，（中略）自らの在り方生き方を考えさせ，将来の進路を選択する能力や態度を育成するとともに，社会についての認識を深め，興味・関心等に応じ将来の学問や職業の専門分野の基礎・基本の学習によって，個性の一層の伸長と自立を図る」ことが求められている。

(2) 子供の現状，教育課程実施の現状と教育課題では，心の教育の必要性と学習内容の未消化，多角的なものの見方や考え方ができない等の指摘がなされている。

(3) 「時代を超えて変わらない価値あるもの」を身に付ける。

(4) 社会の変化に柔軟に対応し得る人間の育成

(5) 完全学校週5日制下の教育内容の在り方

(6) 教育内容の厳選と基礎・基本の徹底

(7) 学習の指導と評価の在り方

　以上あげたこれらの答申を受けて学習指導要領が見直され，1998年11月に小学校と中学校の新学習指導要領が告示され，続いて1999年3月には高等学校の学習指導要領も告示された。

　1998年度からの学習指導要領の実施は，移行期間を置いて，小学校と中学校は，2002年度(平成14年度)から全学年一斉に実施された。高等学校は，2003年度(平成15年度)から第1学年に入学した生徒から学年進行で実施された(ただし，単位制高等学校においては学年による教育課程が設けられていないので，2003年4月1日以降に入学した生徒について適用された)。

❹ 1998〜9年度 改訂の学習指導要領

　1998年度からの学習指導要領は，教育課程審議会の答申を踏まえて作成されたものであるが，これまでの諸提言をも踏まえつつ教育課程の基準の改善のねらいとして次の4点が示された。

(1) 豊かな人間性や社会性，国際社会に生きる日本人としての自覚を育成すること。

(2) 自ら学び，自ら考える力を育成すること。

(3) ゆとりのある教育活動を展開する中で，基礎・基本の確実な定着を図り，個性を生かす教育を充実すること。

(4) 各学校が創意工夫を生かし特色ある教育，特色ある学校づくりを進めること。

　答申においては，この4つのねらいに基づき，各教科・科目の編成，授業時数，各教科・科目の内容の改善方針が具体的に示された。

　小学校，中学校及び高等学校の各教科・科目等の内容の共通的な改善方針として，児童・生徒の心身の発達段階に応じた教科内容の一貫性を図ることや，中学校の段階までは，国民として必要とされる基礎的・基本的な内容を共通に履修させるとともに，おおむね中学校高学年の段階から，生徒の能力・適性等に応じることができるように多様

1. 改訂の趣旨と検討の経緯　165

な内容を用意して，漸次，選択履修の幅を拡大していくことが示された。

そして，高等学校における各教科・科目の編成等については，中学校における選択履修の幅の拡大や生徒の能力・適性，進路等の多様化の実態等に配慮し，かつ情報化や国際化などの社会の変化に適切に対応し，各学校が地域の実情及び生徒の実態に応じて創意を生かして編成することが一層可能となるように留意して改善を図ることが示された。

(1) 主な改訂点（1998年度告示）

ここでは，前述の「ねらい」毎の，具体的な改訂事項を示す。

(1) 豊かな人間性や社会性，国際社会に生きる日本人としての自覚を育成する。

＊　幼稚園や小学校低学年では基本的な生活習慣や善悪の判断などの指導の徹底を図る。また，ボランティア活動を重視する。

＊　わが国の国土や歴史に対する理解と愛情や国際協調の精神など国際社会に主体的に生きる日本人としての資質の育成を重視する。

小学校では人物，文化遺産中心の歴史学習の徹底，中学校では歴史の大きな流れをつかむことを重視する歴史学習に改善。

＊　中学と高等学校では，外国語を必修教科と位置付け，聞くこと話すことの教育に重点を置くこと。

(2) 自ら学び，自ら考える力を育成する。

＊　各教科及び「総合的な学習の時間」で体験的な学習や問題解決的な学習の充実を図る。

＊　各教科では，知的好奇心や探求心，論理的な思考力や表現力の育成を重視する。

＊　コンピュータ等の情報手段の活用を推進し，中学校技術・家庭科で情報に関する内容を必修とし，高等学校でも普通教科「情報」が必修となった。

(3) ゆとりのある教育活動を展開する中で，基礎・基本の確実な定着を図り，個性を生かす教育を充実する。

＊　年間授業時数は，現行より週あたり2単位時間削減された。

教育内容は，授業時数の縮減以上に厳選し，ゆとりの中で基礎的・

基本的な内容を繰り返し学習し，その確実な定着を図る。

＊　中学・高等学校においては，選択学習の機会が拡大された。

＊　高等学校では，卒業に必要な修得総単位数を現行の80単位から74
単位に縮減し，必修教科・科目の修得単位数も38単位（普通科）から
31単位に縮減された。

(4)　各学校が創意工夫を生かして特色ある教育，特色ある学校づくり
を進める。

＊　「総合的な学習の時間」が創設され，各学校が創意工夫を生かした
教育活動が展開できるようになった。

＊　各学校が創意工夫した時間割編成ができるように，授業の１単位
時間や授業時間の運用が弾力的にできるようになった。

＊　教科の特質に応じ，目標や内容を複数学年にまとめるなど基準の
大綱化が図られた。

＊　高等学校では，学校が独自に設定できる学校設定教科・科目の導
入が図られた。

(2) 教育内容の削減と学力の問題

1998年度の学習指導要領の改訂では，小・中学校では，教育内容の
厳選により教える内容が３割も削減されたことにより，子供たちの学
力[achievement]が低下する心配はないのかとの指摘があった。

確かに，共通に学ぶ知識は従来と比べて減るが，自分で学ぶ意欲や
学び方をしっかり身に付けさせることによりそのような心配はない。

現在の小学生の約３割，中学生では約５割が学校の授業を半分以上
理解できていないという指摘がある。これは，今までの学習が知識を
一方的に教え込む教育になりがちであったため，子供たちが十分その
内容を自分のものとして身に付けないまま，授業が先に進んでしまう
ことが大きな原因となっていた。

そこで，1998年度の学習指導要領では，教育内容の基礎・基本を厳
選し，児童・生徒がゆとりをもって学習し，その内容を確実に身に付
けられるようにした。

小・中学校の教育内容については，例えば，算数・数学・理科など
は，現行と比べて３割程度減らされている。

1.　改訂の趣旨と検討の経緯　　167

また，子供たちが選択して学習できる幅をこれまで以上に拡大し，確実に身に付けた基礎・基本をもとに，自分の興味・関心等に応じて，意欲的・主体的な学習がより活発に行われるように配慮した。

　これにより，ゆとりをもって読み・書き・計算などの基礎的・基本的な内容をしっかり習得するようにしたり，学ぶ意欲や学び方，知的好奇心・探究心を身に付けることによって，むしろ「生きる力」としての学力の質を向上させることができるのである。

(3)「総合的な学習の時間」の実践

　「総合的な学習の時間」の学習活動は，当時の改訂の趣旨の一つである生徒に「生きる力」を育成するという極めて重要な役割を担っている。

　「総合的な学習の時間」は，従来の各教科や特別活動などの領域の学習活動と趣を異にし，教科のように目標や内容等について特に規定せず，その名称を含めて各学校の創意工夫にゆだねられている。

　そこで，「総合的な学習の時間」の学習活動の展開にあたっては，各学校の主体的対応が必要であり，教職員一人一人には従来の教科や特別活動の指導と異なる対応が求められ，教育方法の転換とともに教職員に意識改革を求めている。

　「総合的な学習の時間」は，各学校が創意工夫して学校ごとに教える内容を決めて行う授業である。

　この時間は，地域や学校，児童・生徒の実態に応じ，学校が創意工夫を生かして特色ある教育活動を行うことができる時間であり，これらに限られるわけではないが，国際理解，情報・環境，福祉・健康など，従来の教科を横断するような課題に関する学習を行うことができる時間として新しく設けられた。

　そこでは，児童・生徒が各教科等の学習で得た個々の知識を結び付け，総合的に学習を展開することをめざしている。

　「総合的な学習の時間」は，知識を教え込む授業ではなく，自ら課題を見つけ，自ら学び，自ら考える力を育成すること，情報の集め方，調べ方，まとめ方などの学び方を身に付けることをねらいとした授業展開が望まれる。

　具体的な学習活動としては，自然体験やボランティア活動[volunteer

work]などの社会体験，観察・実験・見学や調査，発表や討論，ものづくりや生産活動など，体験的な学習や課題解決的な学習を積極的に取り入れる。

(4) 学校設定教科及び科目の設定

高等学校では，地域，学校及び生徒の実態，学科の特色等に応じ，特色ある教育課程の編成に資するよう，学習指導要領に掲げられた以外の教科・科目を，各学校で定めることができるようになった。

従来「その他の教科・科目」を開講する場合は，各学校の判断で設置することは認められていなかった。

改訂により，設置者である教育委員会等の承認を得る必要がなくなり，校長の責任で設置できるようになり運用が弾力化された。

この場合，設定科目の名称，目標，内容，単位数等については，高等学校の教育の目標及びその水準の維持等に十分に配慮して定めることが必要である。

⑤ 2008〜9年度 改訂の学習指導要領

（小・中学校2008年3月，高等学校2009年3月告示）

子供たちの「生きる力」をはぐくむ具体的な手立てとして，約60年振りに改正された教育基本法を踏まえた教育内容の改善を行うとともに，学力の重要な要素である基礎的・基本的な知識・技能の習得，思考力・判断力・表現力等の育成及び学習意欲の向上を図るために，授業時数増を図り，特に言語活動や理数教育を充実すること，児童・生徒の豊かな心と健やかな体をはぐくむために道徳教育や体育を充実することをねらいとして改訂された。

2008年の学習指導要領は，幼稚園は2009年度から，小学校は2011年度から，中学校は2012年度から全面実施され，高等学校は2013年度から学年進行で実施された。

学習指導要領等の趣旨を実現するためには，指導体制の確立を含む教育条件の整備，教科書や指導方法の改善，入学者選抜の改善などの諸施策を総合的に展開していくことが極めて重要である。

1998年度学習指導要領の理念である「生きる力」をはぐくむこの理念

1. 改訂の趣旨と検討の経緯　　**169**

は2008年度学習指導要領に引き継がれた。「生きる力」は，基礎・基本を確実に身に付け，いかに社会が変化しようと，自ら課題を見つけ，主体的に判断し，行動し，よりよく問題を解決する資質能力や，自らを律しつつ，他人とともに協調し，他人を思いやる心や感動する心などの豊かな人間性とともに，たくましく生きるための健康や体力などを身に付けることである。

この実現のため，「生きる力」の意味や必要性についての共通理解を図った上で，次のような手段が求められている。
① 基礎的・基本的な知識・技能の習得
② 思考力・判断力・表現力等の育成
③ 確かな学力を確立するために必要な時間の確保
④ 学習意欲の向上や学習習慣の確立
⑤ 豊かな心や健やかな体の育成のための指導の充実

2. 2016年度改訂の幼小中及び2017年度改訂の高校の学習指導要領について

改訂の実施時期は，幼稚園は2018年度から全面実施され，小学校は2018年度からの移行期間を経て2020年度から，中学校は2021年度から全面実施となり，高等学校は2019年度からの移行措置を経て，2022年度から学年進行で実施される。

なお，特別支援学校の幼稚部及び小学部・中学部は2017年度に改訂告示され，高等部は高等学校と一体的に改訂された。

改訂にあたり中央教育審議会答申では，「より良い学校教育を通じてより良い社会を創る」という目標を学校と社会が共有し，連携・協働しながら，新しい時代に求められる資質と能力を子供たちにはぐくむ「社会に開かれた教育課程」の実現をめざし，学習指導要領は，学校・家庭・地域の関係者が幅広く共有し活用できる「学びの地図」としての役割を果たすことを求めている。

そこで，知・徳・体にわたる「生きる力」を子供たちにはぐくむために「何のために学ぶのか」という各教科等を学ぶ意義を共有しながら，

授業の創意工夫や教科書等の教材の改善を引き出していくことができるようにするため，すべての教科等の目標及び内容を「知識・技能」，「思考力，判断力，表現力等」，「主体的に学習に取り組む態度」の３つの柱で再整理している。

また，児童・生徒の資質・能力をはぐくむために，各教科等において通常行われている学習活動（言語活動，観察・実験，問題解決的な学習など）の質を向上させることを主眼とし，「主体的な学び」，「対話的な学び」，「深い学び」の視点で，授業改善を求めている。

更に，言語活動や体験活動，ICT等を活用した学習活動等を充実させ，情報手段の基本的な操作の習得やプログラミング教育が新たに導入された。

特に「主体的・対話的で深い学び」の実現に向けた授業改善には，学習の質を一層高めることが必要であり，児童・生徒が「知っていること」「できること」などを使い，主体的に問題を発見し解決する能動的学習である「アクティブ・ラーニング」の視点に立つことが求められている。

❶ 幼稚園教育

幼稚園教育は，幼児の自発的な活動としての遊びを中心とした生活を通して，一人一人に応じた総合的な指導を行い，幼稚園教育と小学校教育との円滑な接続を目標としている。

具体的には，社会状況の変化等による幼児の生活体験の不足から，基本的な技能や忍耐力や自己制御などの社会的スキルの強化が求められている。そこで，子供の姿や地域の実情等を踏まえ，幼児期の終わりまでに育ってほしい姿や小学校の学びを念頭に置きながら，幼稚園の教育目標等を踏まえた総合的な視点で，教育課程を編成して実施し，評価して改善に取り組むことが求められる。

❷ 小学校教育

小学校教育では，「各個人の有する能力を伸ばしつつ社会において自立的に生きる基礎」を培うことと「国家及び社会の形成者として必要

とされる基本的な資質」を養うことを目的とする義務教育のうち，特に基礎的な資質を身に付けることをめざしている。

　小学校教育における現状の課題は，6年間という期間は子供たちにとって大きな幅のある期間であり，低学年，中学年，高学年の発達の段階に応じて，異なる課題がある。そこで，低学年の1，2年生においては，基礎的な知識・技能の定着や，感性を働かせ，身近な出来事から気付きを得て考えさせると同時に，児童のつまずきは早期に見出し指導を強化する必要がある。中学年の3，4年生は，新しく社会科や理科の学習が始まり，各教科の特質に応じた学習にスムーズに移行させ，抽象的な内容を扱う学習に円滑に移行できるような指導上の配慮が必要である。高学年の5，6年生は，子供たちの抽象的な思考力が高まる時期であり，教科等の学習内容の理解をより深め，資質・能力の定着に努める必要がある。

　2016年度の改訂の目玉の一つは，「特別の教科」として「道徳」が位置付けられ，もう一つは「外国語」の教科化である。外国語に関する指導では，「外国語活動」が3，4年生にはそれぞれ年間35時間（1単位時間）導入され，教科としての「外国語」は，5・6年生にはそれぞれ年間70時間（2単位時間）の学習が導入された。更に，高学年においては，総合的な学習の時間などを利用して，情報技術を手段として活用する力やプログラミング的思考の育成も期待されている。

❸ 中学校教育

　中学校では，小学校教育の基礎の上に，中学校教育を通じて身に付けるべき資質・能力を明確化し，その育成を高等学校教育等のその後の学びに円滑に接続させていくことを求めている。

　2016年度の改訂では，小学校と同様に道徳は，「特別の教科道徳」として位置付けられたが，学校の教育活動全体を通じて行うことには変わりない。各教科の学習指導は，その方法を多様で効果的なものとするため，指導方法の工夫等が示された。なお，各教科の観点別評価には改善がみられるが，各教科等の各学年の授業時数には変更がみられなかった。指導内容の充実の例としては，社会科において，高等学校

地理歴史科に「歴史総合」が設置されることを受け，わが国の歴史に関わる世界の歴史の学習を充実させ，広い視野をもってわが国の歴史の理解を促す指導の強化を求めている。さらに，外国語教育に関しては，指導する語彙数を，実際のコミュニケーションにおいて必要な語彙を中心に充実させた。

❹ 2017年度改訂を踏まえた高等学校教育

高等学校は，初等中等教育の総仕上げを行う学校段階として，生徒たちに必要な資質・能力とは何かを明確にし，それをしっかり身に付けさせる必要がある。初等中等教育と大学教育が連携を密にしながら，これからの時代に求められる資質・能力を生徒にはぐくんでいくことが求められている。高等学校においては，各学校が，社会生活で必要となる力を共通して身に付ける「共通性の確保」の観点と，一人一人の生徒の進路に応じた「多様性への対応」の観点から，育成する資質・能力を明確にして指導する必要がある。また，高校生が，家庭・地域における多様な活動や企業等と連携したりして，豊かな感性を身に付けさせる必要がある。

高等学校における観点別学習状況の評価に関して，知識量のみを問うペーパーテストの結果や，特定の活動の結果に偏重した評価でなく，生徒一人一人の良い点や可能性に着目する個人内評価についても併せて充実を図る必要がある。

2017年度の改訂の主な教科・科目の構成と標準単位数は次のとおりであるが，卒業に必要な修得単位数は74単位と変更はない。

各教科でみると，国語科は大きく変わり，共通必履修科目は，「現代の国語」と「言語文化」の各2単位が設定され，選択履修科目では，「論理国語」「文学国語」「国語表現」「古典探究」各4単位が設定された。

地理歴史科も大きく変わり，共通必履修科目は，「歴史総合」「地理総合」各2単位が設定され，選択履修科目では，「日本史探究」「世界史探究」「地理探究」各3単位が設定された。

公民科の共通必履修科目は，新しく「公共」2単位が設定され，選択履修科目では，「倫理」，「政治・経済」各2単位が設定された。

数学科では、「数学活用」が発展的に廃止され、「数学C」2単位が新設され、他の科目には変更なかった。

理科では、「理科課題研究」が廃止された以外変更はなかった。新しく、理数科が設置され、「理数探究基礎」と自ら課題を設定し探究する「理数探究」の2科目で構成されている。この科目の履修で「総合的な探究の時間」と同様の成果が期待できる場合は、履修の一部又は全部に替えることができる。

外国語科では、大きく科目名が変わり「英語コミュニケーションI・II・III」と「論理・表現I・II・III」が設定された。

家庭科は、「家庭基礎」と「家庭総合」の2科目からの選択履修となり、「生活デザイン」が廃止された。

情報科は、共通必履修科目「情報I」が必履修で、選択履修科目として、「情報II」が設定された。

総合的な学習の時間は、「総合的な探究の時間」として見直された。なお、保健体育と芸術の科目名と単位数には変更なかった。

また、専門学科及び総合学科についても、すべての生徒に履修させる専門教科・科目の単位数は25単位を下らないことなど、大きな変更はなかった。

高等学校として、義務教育段階の学習内容を含めた高校生に求められる基礎学力の確実な習得とそれによる高校生の学習意欲の喚起に向けて、高等学校における生徒の基礎学力の定着度合いを把握・提示できる仕組みとして「高等学校基礎学力テスト」の実施が計画され、高大接続では、「大学入学希望者学力評価テスト」等の検討も行われている。

高大接続改革の検討にあたっては、大学入学者選抜の在り方だけでなく、高等学校教育・大学教育の在り方が一体的に検討されている。

❺ 特別支援学校

最近、特別支援学校に在籍する児童・生徒の数は増加傾向にあり、特に、中学校に在籍した生徒が特別支援学校高等部に入学するケースが増加している。また、重複障害者の割合も増加傾向にあり、他の障害に自閉症を併せ有する児童・生徒や視覚と聴覚の障害を併せ有する

児童・生徒など，多様な障害の種類や状態等に応じた指導や支援がより強く求められている。

　各学校においては，在籍する児童・生徒たちの実態を分析・検討した上で，それぞれの学校における教育課題を正しくとらえ，重視する点や留意する点を明らかにして学校の教育目標を設定し，きめ細かい指導の強化が求められている。詳細は，p.180で述べる。

❻　義務教育学校

　義務教育学校は，小学校学習指導要領を踏まえ，小学校教育の成果の中学校教育への円滑な接続と義務教育終了までに育成をめざす資質・能力を確実に身に付けさせることを目的としている。

　小学校及び中学校の９年間を通じて育成をめざす資質・能力を明確化し，その育成を高等学校教育に円滑に接続させていくことが求められる。そこで小学校教育には，学級担任が生徒の生活全般に関わりながら，各教科等の指導を含め基礎的な資質・能力の育成をめざした教育を行い，中学校教育では，学級担任による日常的な指導と教科担任による専門性を踏まえた指導の中で，義務教育９年間を通して必要な資質・能力の育成をめざす教育を行うことをめざしている。義務教育学校には，中学校連携型小学校及び中学校併設型小学校も設置されている。

❼　中高一貫６年制学校（中等教育学校）

　中学校と高等学校との円滑な接続の観点からは，中等教育の多様化を一層推進し，生徒の個性を重視した教育を実現するため，中高一貫教育制度が導入された。

　中等教育学校は，学校教育法が1998年（平成10年）６月に改正され1999年度から開設できるようになった。

　2001年４月に全国で７校が開校し，国は最終的には500校を開設したいとしていたが，全国での設置校数は，2012年度49校，2017年度で53校にとどまっている。

　開設された53校の内訳は，国立４校，公立31校，私立18校，都道府

県別では，東京都7校，新潟県7校，神奈川県・愛媛県5校で，残り22校は各府県1，2校の設置にとどまっている。

この学校は，その実施形態により次の3通りがある。

中等教育学校は，一つの学校において，一体的に中高一貫教育を行う。中等教育学校の修業年限は前期課程3年，後期課程3年の計6年である。前期課程は中学校の基準に，後期課程は高等学校の基準に準拠し，中高一貫教育の特色ある教育課程を編成し，中学校段階でも選択教科の導入を推進している。ただし入学にあたっては，学力検査は実施しない。

他の設置形態の「**併設型の中学校・高等学校**」では，同一の設置者の中学校と高等学校が一貫教育を行うが，中等教育学校よりも緩やかな設置形態で，中高が隣接しているような条件の学校が教育課程を一体化して編成し実施する形態である。併設の中学校からは，入試はなく高等学校に進学できる。

また，「**連携型の中学校・高等学校**」では，既存の市町村立の中学校と，都道府県立の高等学校が，教育課程の編成や教員や生徒間の交流等の連携を深めて，中高一貫教育を行う形態である。連携している中学校からは，入試を受けないで面接等で連携校に入学できる。

⑧ 中学校夜間学級（いわゆる夜間中学）

2017年現在の夜間中学の設置学校数は，8都道府県31校であり，その内訳としては，東京都8校，大阪府7校の設置が多い。

政府は今後各県に1校の設置を求めている。

夜間中学が，学齢経過者に対して編成する特別の教育課程の内容は，すでに社会生活や実務経験等により学齢経過者に一定の資質・能力が養われていることの評価の上に，学校教育法第21条に規定する義務教育の目標を達成する上で当該学齢経過者にとって必要と認められる内容により編成されている。

不登校児童・生徒への支援にあたっては，多様な教育機会を提供する観点から，昼間の中学校で不登校となっている学齢生徒が希望する場合には，夜間中学で受け入れることも可能である。

不登校の学齢生徒に対して特別の教育課程を編成する際には，学校教育法施行規則第56条の規定に基づき，編成することができる。

3. 高等学校教育の現状と課題

わが国の人口減少に伴い，10年前の2007年度高等学校数は5,313校，在籍生徒数3,406,561人であったが，2017年度は4,907校，在籍生徒数3,280,307人と減少し，その傾向が続いている。

高等学校への進学率は，2000年4月の全国平均97.0％（男子96.3％，女子97.7％）であり，2017年度には98％に達しており，実質的には希望者は全入できる状態であり，生徒の能力，適性，興味・関心，進路等は極めて多様化している。

このような多様な生徒の実態に応じて，各都道府県の各学校は生徒の個性を最大限に伸長させるため，多様な特色ある学校づくりや生徒の学習の選択幅をできる限り拡大することが求められている。そこで国は，総合学科高等学校の推進や単位制高等学校などの新しいタイプの高等学校の設置とともに，特色ある学校，学科，コースを設け，生徒の選択幅を広げるカリキュラムづくりの推進に努めている。

❶ 総合学科高等学校

高等学校改革の中心的役割が期待されており，2000年4月現在全国で124校設置され，今後の目標としては全国の公立高等学校の通学範囲に1校は設置したいとし，2012年までに全国で352校設置されてきた。2017年現在，339校設置されている。

2017年現在，全国の高等学校の設置学科別でみると，普通科73％と圧倒的に多く設置され，続いて工業科7.6％，商業科6.0％，総合学科は多くなく5.4％にとどまっている。

総合学科高等学校の教育の特色は，普通科目と専門科目にわたる幅広い選択科目の中から自分で科目を選択し学ぶことにより，生徒の個性を生かした主体的な学習が可能となることである。将来の職業選択を視野に入れた自己の進路への自覚を深めさせる学習を重視する高等

学校として期待されている。

❷ 単位制高等学校

単位制高等学校は，学年による教育課程の区分を設けず，かつ学年ごとに進級認定は行わないで，卒業までに決められた単位を修得すれば卒業を認める形態の高校である。1988年度（昭和63年度）からは定時制課程と通信制課程において導入され，1993年度（平成5年度）からは全日制課程においても導入が可能になった。

2000年度には全国で343校（内全日制課程は181校）に導入され，2012年度には960校（内全日制課程は557校），2017年は738校に導入されている。ここでは，東京都の取り組みを事例として取り上げ，その改革の方向を探ってみる。単位制高等学校は，生徒の幅広いニーズに応える多様な履修形態があり，学期ごとの入学，卒業，転学，編入が可能となり，また他の高等学校で修得した単位の累積加算などが認められる高等学校である。今後，総合学科とともに，多くの単位制高等学校が設置されることが期待されている。

更に，より多様な自由選択科目やコース等による幅広い選択を可能とした総合選択制高等学校や，情報化や国際化に対応した特色ある高等学校づくりが期待される。

高等学校改革の取り組みは，各都道府県とも同様な方向に進んでおり，代表的な東京都も2021年度に向けた推進計画が進められている。

❸ 遠隔教育

遠隔教育は，少子化に伴い，離島や過疎地などにおいて，各教科・科目等の専門知識を有する教員を十分に確保できない等の課題や，高等学校の多様化が進む中で，より一層多様かつ高度な教育機会を確保する必要性の高まり等を踏まえ，2015年度より制度化され，2016年度現在24校（公立23校，私立1校）において取り組まれている。

北海道が18校とほとんどを占めており，長崎県2校で，他県は1校である。情報機器などの活用により，生徒の学習実態に応じて，適切な学習課題を与え，能動的かつ主体的な学び等を実施するなど，指導

法に工夫が必要である。前の授業の最後に予告をしたり，課題を配付したりすることで，生徒が事前に学習目標等を把握した状態で，当日の遠隔教育の授業に臨めるような指導法が行われている。

❹ 生徒の多様化への対応

今日，高等学校は，実質的には全入状況にあり，多様な特性等をもった生徒が学ぶ教育機関となっている。こうした多様な生徒の幅広い学習希望や進路希望に応え，一人一人の自己実現に寄与していくためには，高等学校教育を更に多様で柔軟性に富んだものに改めるとともに，生徒の主体的な学習を促すような教育内容・方法の工夫・改善を図り，教育環境を整えていく必要がある。

また，社会の変化等に伴い，考え方や生き方が極めて多様化していく中で，自己の進路への自覚を深めさせ，将来の生き方を主体的に考える意欲を育てることが必要となっている。

❺ 社会経済の進展等への対応

教育においては，時代を超えて変わることのない価値あるものを身に付けさせるとともに，時代や社会の変化に柔軟に対応する教育を推進することが求められている。

このため，国際化，情報化，高齢化，少子化等の社会の変化に主体的に対応できる能力を育成していくことが必要である。

❻ 生涯学習社会への対応

高等学校教育を生涯学習の一環として位置付け，高等学校における基礎的・基本的な学習を通して，生涯にわたって学び続ける意欲と態度を育成することが求められている。

また，学校と地域との相互交流を進め，生涯にわたっていつでも自由に学ぶことができる「開かれた学校」づくりを一層推進することが必要となっている。

❼ 少子化による生徒数の減少への対応

　全国の児童・生徒の数を文部科学省の2017年の調査結果と2000年の結果と比べてみると，小学校の児童数は約644万8千人で91万8千人減少し，中学校の生徒数は333万3千人で，77万1千人減少し，高等学校の生徒数は328万人で，88万5千人減少している。児童生徒の減少傾向は今後も続くと心配されている。

　このため，各学校の小規模化や廃校が一層進むことが予想されるので，児童生徒の減少に合わせて，各学校においても，適正な規模の確保を図るとともに，地域バランスを考慮して統廃合などによる適正な配置を進めることが必要となっている。

▍ 4.　特別支援学校の現状と課題 ▍

❶ 特別支援学校の目的

　特別支援教育は，様々な原因で，視覚障害，聴覚障害，知的障害，肢体不自由，病弱，身体虚弱な幼児・児童・生徒に対して，幼稚園，小学校・中学校・高等学校に準ずる教育を施すとともに，障害による学習上又は生活上の困難を克服し，自立を図るために必要な知識と技能を身に付けさせることを目的としている。

　これら心身の障害による幼児・児童・生徒たちに対しては，その障害に基づく様々な困難を克服して，強く生きようとする意欲を高め，可能な限り社会に参加し，自立ができるように育てることが重要である。

　そこで，小学校や中学校の通常の学級における教育では，十分な教育効果を期待することが困難な児童・生徒に対しては，その障害の状態や発達段階・特性などに応じてよりよい環境を整え，その可能性を最大限に伸ばし，可能な限り社会に参加し，自立することのできる人間を育てるために特別支援学校が設けられている。

　特別支援学校には，小学部，中学部の設置が義務付けられ，この他に幼稚部と高等部の設置も認められている。

　教育内容は，学習指導要領に基づき，社会状況の変化に即し，主権

者教育，防災教育，ICT機器の活用などにより，障害のある幼児・児童・生徒が，変化する社会に的確に対応しながら，自立して生きるための力を育むための特別支援教育の推進が求められている。

また，児童・生徒の通学環境の改善（スクールバスの充実等）により，児童・生徒の通学負担を軽減したり，非常勤看護師を必要に応じて配置し，医療的ケアを実施できる体制の整備も求められる。

❷ 交流教育の推進

障害のある生徒と障害のない生徒が，互いに学び合う機会を，計画的・組織的に教育課程に位置付けることが求められている。

特に特別活動などの機会を利用して，積極的に健常児と交流させ，お互いの理解の促進に役立てることが大切である。

また，軽度の障害をもつ子供に対しては，普通学級に籍を置いて，健常児の中で教育する統合教育の推進も必要である。

交流する児童・生徒は，互いの紹介や障害への理解などを内容とした理解推進授業を実施し，小学校，中学校の児童・生徒や教員の障害への理解を促進する必要もある。

知的障害特別支援学級における教育の充実を図るためには，児童・生徒の将来を見据え，知的障害特別支援学級（小学校6年間と中学校3年間）及び知的障害特別支援学校（高等部3年間）の計12年間を系統立てたカリキュラム開発が求められる。

なお，1998年に「精神薄弱の用語の整理のための関係法律」が改正され，「精神薄弱」の用語は「知的障害」に改められた。（例：知的障害児，心身障害学級，知的障害）。

▌ 5. 学習成果の評価の在り方 ▌

教育課程審議会は，学習指導要領の改訂のたびに「児童・生徒の学習と教育課程の実施状況の評価の在り方について」の答申をまとめて公表してきている。

内容は，児童・生徒に「生きる力」をどのように育成し，その成果を

5. 学習成果の評価の在り方　　181

どのように評価し，またその成果を指導要録にどう表記すべきかについてまとめている。

学習指導要領の趣旨を実現するには，各教員が，この「評価の在り方」をよく理解して，日常の教育活動に生かすことが必要である。

❶ 評価の機能

学校が児童・生徒の学習状況等の評価[evaluation]を行うことは，公の教育機関である学校の基本的な責務である。

評価の機能は，各学校，各学年段階等の教育目標を実現するための教育の実践に役立つようにすること及び児童・生徒の良さや可能性を評価し，豊かな自己実現に役立つようにすることであり，学校教育における評価の役割は重要である。

児童や生徒の個人の段階，各学校，国あるいは地域のそれぞれの段階での評価の充実を図り，児童・生徒の学習状況等について，各学年，各学校段階等の目標を実現しているかどうかを的確に評価する。

そして，学校教育の成果等については，保護者や地域の人々に説明し，国民全体に伝えることが，学校教育への信頼を一層高めるとともに，評価の結果を指導の改善や教育課程の基準の改善に反映させていく上で重要である。

学校の教育活動は，意図的，計画的，組織的に行われるものであり，一般的に，計画，実践，評価，改善（Plan，Do，Check，Action）という一連の活動が繰り返されながら，児童・生徒のよりよい成長をめざした指導が展開されている。

学習の評価は，教育がその目標に照らしてどのように行われ，児童・生徒がその目標の実現に向けてどのように変容しているかを明らかにし，また，どのような点でつまずき，それを改善するためにどのように支援していけばよいかを明らかにしようとする，いわば教育改善の方法ともいうべきものであり，学習の評価を適切に行うことは公の教育機関である学校の基本的な責務である。

また，児童・生徒にとって評価は，自らの学習状況に気付き，自分を見つめ直すきっかけとなり，その後の学習や発達を促すという意義

がある。

児童・生徒がそれぞれの個性や能力に応じて，自ら学び，自ら知識や技能などを習得し，自ら創造的な活動を行うのを助けていくことがこれからの教育と教員の重要な役割であることを考えるとき，評価は大きな意味をもっている。

評価の機能と役割は，一つには，各学年，各学校段階等の教育目標を実現するための教育の実践に役立つようにすることであり，もう一つには，自ら学び自ら考える力などの「生きる力」の育成を考えて，児童・生徒一人一人の良さや可能性を積極的に評価し，豊かな自己実現に役立つようにすることである。

これは，学校や教員が，指導計画や指導方法，教材，学習活動等を振り返り，よりよい指導に役立つようにすることであり，評価とは，児童・生徒のための評価であると同時に，学校や教員が進める教育自体の評価でもあるともいうことができる。

このようなことから，指導と評価は表裏一体をなすものであり，学校においては，学習指導と評価が常に一体となって行われることが求められる。この観点から，児童・生徒の学習状況等を適切に評価し，明らかにしていくことは，学校教育への信頼を向上させていく上で欠かすことのできないものと考えられる。

保護者や地域の人々に「説明」を行っていくことの重要性が高まるにつれて，学校教育の中での評価の役割は一層大きくなると考えられる。

評価の問題を検討する際，評価は，次の3つの段階で充実を図っていくことが必要である。

第1は，児童・生徒の個人の学習状況等の評価，

第2は，各学校における児童・生徒の学習状況や教育課程の実施状況等の評価，

第3は，国全体あるいは地域全体としてみた，児童・生徒の学習状況や教育課程の実施状況等の評価である。

この内，児童・生徒の個人の学習状況等の評価については，従来からの評価の議論の中で中心的な位置を占めてきている。

各学校段階の評価も，国や地域全体の評価も，いずれも児童・生徒

5. 学習成果の評価の在り方　　183

個人の学習状況等の評価の積み重ねであり，児童・生徒個人の学習状況等の評価が出発点となるものである。

現行の学習指導要領のもとにおいては，基礎・基本を重視し，自ら学ぶ意欲や思考力，判断力，表現力などの資質や能力の育成とともに，児童・生徒の良さや進歩の状況などを積極的に評価し，児童・生徒の可能性を伸ばすことを重視した「新しい学力観」に立つ評価が行われており，このことは各学校にも浸透してきている現状にあるが，従来どおりの知識の量のみを測るような評価が依然として行われている面もみられ改善が必要である。

❷ 評価の基本的な考え方（3観点別評価）

学力については，知識の量のみでとらえるのではなく，学習指導要領に示す基礎的・基本的な内容を確実に身に付けることはもとより，自ら学び自ら考える力などの「生きる力」がはぐくまれているかどうかによってとらえる必要がある。

特にこれからの評価においては，**観点別学習状況の評価**を基本とした現行の評価方法を発展させ，目標に準拠した評価いわゆる「絶対評価」を一層重視するとともに，児童・生徒一人一人の良い点や可能性，進歩の状況などを評価するため，個人内評価の工夫が重要である。

学校の教育活動は，計画，実践，評価，改善（P，D，C，A）という一連の活動が繰り返されながら展開されるものであり，指導と評価の一体化を図るとともに，学習指導の過程における評価の工夫を進めることが重要である。

また，評価が児童・生徒の学習の改善に生かされるよう，日常的に児童・生徒や保護者に学習の評価を十分に説明していくことが大切である。

評価にあたっては，教育活動の特質や評価の目的等に応じ，評価の方法，場面，時期などを工夫し，児童・生徒の成長の状況を総合的に評価することが重要である。

(1) 学力と評価

1989年度（平成元年度）改訂の学習指導要領は，自ら学ぶ意欲や思考

力，判断力，表现力などの資質や能力の育成を重視しており，現行の指導要録もこうした資質や能力の育成をめざし，観点別評価を各教科の基本に据え，その観点は「関心・意欲・態度」「思考・判断」「技能・表現」「知識・理解」の4観点を基本としていたが，2016年度の改訂では，観点別評価項目を再整理し，「知識・技能」，「思考力・判断力・表現力等」，「主体的に学習に取り組む態度」の3観点に改めた。

学習指導要領（2002年実施）では，完全学校週5日制の実施に伴い，授業時間を週あたり2単位時間縮減し，それに伴い教育内容が厳選され，児童・生徒がゆとりをもって学習できるようにした。

1) 基礎・基本を確実に身に付けることができるよう，個別指導やグループ別指導，ティーム・ティーチングなど個に応じた指導を十分に行う。

2) 単なる知識の暗記ではなく，思考力，判断力，表現力などを身に付けられるよう観察・実験，調査・研究，発表・討論など，体験的な学習，問題解決的な学習に積極的に取り組むことができるように改善した。

また，知識と生活との結び付き，知の総合化の視点を重視し，各教科等で得た知識・技能等が生活において生かされ，総合的に働くよう「総合的な学習の時間」が創設された。

このことにより，単に知識を覚え込むのではなく，児童・生徒が実感を伴って基礎的・基本的な内容を自らのものとして確実に習得し理解を深め，その後の学習や将来の生活に生きて働くようにすることをめざした。

厳選された基礎・基本については，児童・生徒のその後の学習を支障なく進めるためにも，確実に身に付けさせる必要がある。

更に，中学校，高等学校においては，生徒が選択して学習できる幅を従来以上に拡大し，生徒の興味・関心，進路希望等に応じて，より深く高度に学ぶことができるようにしており，基礎・基本の確実な習得とあいまって，学ぶことの楽しさを味わわせ，学ぶ意欲や知的好奇心・探究心などが高められることをめざしていた。

学習指導要領は，このような児童・生徒の学力の現状等を踏まえて，

5. 学習成果の評価の在り方　　**185**

ややもすると一斉，画一的に知識を教え込むことになりがちであったこれまでの教育の基調を転換し，基礎・基本を確実に身に付けさせ，自分で課題を見つけ，自ら学び，自ら考え，主体的に判断し，行動し，よりよく問題を解決する資質や能力などを重視することとしたものである。

学力については，従来から，「読・書・算」の能力などに限定してとらえる考え方と，理解力，思考力，創造力，問題解決能力などまで含める考え方がある。

ともすれば，過度の受験競争や偏差値偏重の風潮の中で，知識の量の多少によって学力をとらえる傾向が強かったことも事実である。

しかしながら，学力については，これまで示したように，知識の量の多少によってとらえるのではなく，学習指導要領に示す基礎的・基本的な内容を確実に身に付けることはもとより，それにとどまることなく，自ら学び自ら考える力などの「生きる力」が育まれているかどうかによってとらえる必要がある。

学習指導要領においては，知識や技能だけでなく，自ら学ぶ意欲・態度や思考力，判断力，表現力などの資質や能力などを含めて学力ととらえており，こうした学力のとらえ方を一層深め，いわば学力の質の向上を図ることをねらいとしているのである。

(2) 目標に準拠した評価及び個人内評価の重視

学習指導要領においては，自ら学び自ら考える力などの「生きる力」をはぐくむことをめざし，学習指導要領に示された基礎的・基本的な内容の確実な習得を図ることを重視していることから，学習指導要領に示す目標に照らしてその実現状況を見る評価(いわゆる絶対評価[absolute evaluation])を一層重視し，観点別学習状況の評価を基本として，児童・生徒の学習の到達度を適切に評価していくことが重要となる。

学習指導要領及び指導要録のもとでの評価の一つの特徴は，集団に準拠した評価(いわゆる相対評価[relative evaluation])ではなく，目標に準拠した評価である観点別学習状況の評価を基本に据えている。

そこで評価にあたっては，知識や技能の到達度を的確に評価するこ

とはもとより大事であるが，それにとどまることなく，自ら学ぶ意欲や思考力，判断力，表現力，主体的に学習に取り組む態度などの資質や能力までを含めた学習の到達度を適切に評価していくことが大切である。

今までの学習指導要領のもとでは，指導要録[student record]における評価の観点は，前記してきたように「関心・意欲・態度」「思考・判断」「技能・表現」「知識・理解」の4観点による評価を基本としてきたが，2016～7年度の改訂では，例えば「知識・理解」についても，単に覚え込むものととらえるのではなく，児童・生徒が自ら体験して実感をもって学ぶことにより，学習や生活に生きて働くものととらえる必要がある。そこで，各教科等の目標を資質・能力の3つの柱で再整理して，目標に準拠した評価を推進するため，観点別評価項目を再整理し，「知識・技能」，「思考力・判断力・表現力等」，「主体的に学習に取り組む態度」の3観点に改めた。

(3) 指導と評価の一体化

学校の教育活動は，計画，実践，評価，改善という一連の活動が繰り返されながら，児童・生徒のよりよい成長をめざした指導が展開されている。

すなわち，指導と評価とは別物ではなく，評価の結果によって後の指導を改善し，更に新しい指導の成果を再度評価するという，指導に生かす評価を充実させることが重要である（いわゆる指導と評価の一体化）。

評価は，学習の結果に対して行うだけでなく，学習指導の過程における評価の工夫を一層進めることが大切である。

また，児童・生徒にとって評価は，自らの学習状況に気付き，自分を見つめ直すきっかけとなり，その後の学習や発達を促すという意義がある。

自ら学び自ら考える力などの「生きる力」は，日々の教育活動の積み重ねによって児童・生徒にはぐくまれていくものであり，その育成に資するよう，日常の指導の中で，評価が児童・生徒の学習の改善に生かされることが重要である。

また目標に準拠した評価においては，児童・生徒の学習の到達度を

適切に評価し，その評価を指導に生かすことが重要である。そのため評価活動を，評価のための評価に終わらせることなく，指導の改善に生かすことによって，指導の質を高めることが一層重要となる。

　評価が児童・生徒の学習の改善に生かされるようにするためには，学習の評価を，日常的に，通信簿や面談などを通じて，児童・生徒や保護者に十分説明し，学習の評価を児童・生徒や保護者と共有していくことが大切である。

　評価には，信頼性が求められるが，評価を指導に生かしていくためには，単に数値化されたデータだけが信頼性の根拠になるのではなく，評価の目的に応じて，評価する人，評価される人，それを利用する人が，互いにおおむね妥当であると判断できることが信頼性の根拠として意味をもつ。その意味でも，評価規準や評価方法等に関する情報が児童・生徒や保護者に適切に提供され，共通に理解されていることが大切である。

(4) 評価方法の工夫改善

　全人的な力である「生きる力」の育成をめざす学習指導要領のもとでは，児童・生徒の学習状況を，単一の時期や方法によって評価するのではなく，各教科，道徳，特別活動及び総合的な学習（探究）の時間のそれぞれの教育活動の特質や評価の目的に応じ，評価方法，評価の場面や時期などについて適切な方法を工夫し，それらの積み重ねによって児童・生徒の成長の状況を総合的に評価することが一層重要である。

　そのため，

　第1に，評価を，学習や指導の改善に役立たせる観点から，総括的な評価のみではなく，分析的な評価，記述的な評価を工夫すること，

　第2に，評価を行う場面としては，学習後のみならず，学習の前や学習の過程における評価を工夫すること，

　第3に，評価の時期としては，学期末や学年末だけでなく，目的に応じ，単元ごと時間ごとなどにおける評価を工夫すること，

　第4に，具体的な評価の方法としては，ペーパーテストのほか，観察，面接，質問紙，作品，ノート，レポート等を用い，その選択・組合せを工夫すること，などが求められる。

また，児童・生徒による自己評価や児童・生徒同士の相互評価など
を生かすことや，保護者による評価，教育活動に協力した地域の人々
などによる評価を参考にすることなども有効である。

　とりわけ，自己評価については，自ら学ぶ意欲などをみる上で有効
であるばかりでなく，児童・生徒が自分自身を評価する力や他人から
の評価を受け止める力を身に付け，自己の能力や適性などを自分で確
認し，将来を探究できるようにするためにも大切である。

　たとえば，各教科の評価についても，教科や評価の観点などによっ
て，ペーパーテスト，実技テストなどによる評価が重視されるもの，
児童・生徒のノート，レポートや作品などによる評価が重視されるも
の，教員による観察，面接や児童・生徒の自己評価，相互評価などが
重視されるものなど，評価方法の重点の置き方に違いがある。

　各学校における評価は，このような教科の特性や観点の趣旨にふさ
わしい評価の方法を適切に選択し組み合わせるなどの工夫が大切であ
る。

(5) 学校全体としての評価の取り組み

　評価活動の充実のためには，各学校において日頃から教員間の共通
理解を図り，各教員が評価についての力量を高め，一体となって評価
方法の改善充実に努めることが必要である。また，目標に準拠した評
価を重視する上では，各学校における評価の根拠が明確で信頼でき，
保護者や児童・生徒に説明できるものであることが重要である。

　各学校においては，各教員が児童・生徒の学習の状況を日頃からど
のように把握し，指導に生かしていくかなど，学校としての評価の方
針，方法，体制などについて，校長のリーダーシップのもと，教員間
の共通理解を図り，一体となって取り組むことが不可欠である。

　学習指導要領のもとでは，「総合的な学習（探究）の時間」や選択学習
の幅の拡大が図られるとともに，学習内容の習熟の程度に応じた指導
やティーム・ティーチング，合同授業，交換授業など，個に応じた指
導などの充実のための多様な学習形態や指導体制が一層取り入れられ
ることも踏まえ，複数の教員で協力して評価を行うなど，多角的・多
面的な評価を行うことが求められる。

5.　学習成果の評価の在り方　　189

❸ 指導要録の取り扱い

　指導要録は，児童・生徒の学籍並びに指導の過程及び結果の要約を記録し，その後の指導及び外部に対する証明等に役立たせるための原簿となるものであるが，指導に役立たせるという面では，日常の学習指導の評価活動に対して基盤となる考え方や方法を示すものであり，その役割は大きい。

　学習指導要領のもとでの小・中学校の指導要録の在り方については，指示された様式を基本的に維持した上で，第1に，評定を目標に準拠した評価（いわゆる絶対評価）に改めること，第2に，「総合的な学習（探究）の時間」について，各学校で評価の観点を定めて，評価を文章記述する欄を新設すること，第3に，「行動の記録」の項目を見直すこと，第4に，児童・生徒の成長の状況を総合的にとらえる工夫ができるよう所見欄等を統合すること，などの改善が図られている。

❹ 高等学校の指導要録

　高等学校の指導要録については，各学校において生徒の能力・適性，興味・関心等に応じて多様な教育課程が編成されていることから，現在，国の示す参考様式としてはできる限り大枠の形のみが示されているところであり，基本的にはこのような考え方を維持することが適当である。

　高等学校の各教科・科目の評定については，従来から，目標に準拠した5段階評価とされており，現行の評価方法を維持することとする。

　この場合，ペーパーテスト等による知識や技能のみの評価など一部の観点に偏った評定が行われることのないように，「知識・技能」，「思考力・判断力・表現力等」，「主体的に学習に取り組む態度」の3観点による評価を十分踏まえながら評定を行っていく必要がある。

　学校設定教科に関する科目は，教科・科目として評定及び修得単位数を記載するが，当該教科・科目の目標や内容等から数値的な評価になじまない科目については評定は行わず，学習の状況や成果などを踏まえて，「総合所見及び指導上参考となる諸事項」欄に所見等を記述するなど，各学校で評価の在り方等について工夫することが適当である。

❺ 指導要録の様式

　これまでに述べてきた評価の３観点や方法等を指導要録の様式の形で具体化した場合の一つの案が答申の添付資料として示されている。

　各教育委員会等においては，これを参考として，地域の実情等に応じて工夫し，所管の学校の指導要録の様式を定めることになっている。

中学校　生徒指導要録　参考様式

（各教育委員会が決定する）

様式１　　学籍に関する記録

中学校　生徒指導要録

学年	1	2	3
学級			
番号			

学籍の記録

生徒	氏名		入学	年　　月　　日
		生年月日		
	住所		転学	年　　月　　日
保護者	氏名		退学	年　　月　　日
	住所		卒業	年　　月　　日
入学前の経歴			進学先	

学校名住所			年1	年2	年3
		校長			
		担任			

様式２　　指導に関する記録

必修教科				選択教科
観点別学習状況				観点別学習状況

	観点	1	2	3	
国語	意欲				観点は省略
	聞く				
	書く				
	読む				
	知識				
社会					この下欄に総合的な学習の時間の記録欄がある。文章記述欄である。

様式３　　行動の記録等

特別活動記録		行動の記録	
項目省略		項目省略	
1		1	
2		2	
3		3	

総合所見及び指導上参考となる諸事項		
1	2	3

出欠の記録	
省　略	
1	
2	

（形式の概要を示したものである）

5.　学習成果の評価の在り方　　**191**

❻ 指導要録の開示の取り扱い

　個人情報に対する国民の関心の高まりなどを背景として，個人情報を保護するための条例等を制定する地方公共団体が増えてきている。

　また，国においては，個人情報保護基本法制に関する大綱が取りまとめられ，個人情報の本人への開示について，業務の適正な実施に支障を及ぼすおそれがある時等を除き開示することとされている。

　具体的な開示の取り扱いについては，その様式や記載事項等を決定する権限を有する教育委員会等において，条例等に基づき，それぞれの事案等に応じ判断することが適当であるとして，全面開示については否定的な見解が述べられている。

❼ 全国的な学力調査の実施

　小，中，高等学校における児童・生徒の学習の到達度について全国的な状況を把握し，それを国民に明らかにするとともに，指導の改善や教育課程の基準の改善に反映させていくため，国において全国的かつ総合的な学力調査を実施することとなる。その際，自ら学ぶ意欲・態度や思考力，判断力，表現力などの資質や能力までを含めた到達度を適切に評価できる学力調査[achievement assessment]を全国規模で実施することが望まれ，実施されるようになっている。

第10章 今世紀の教育変革の視点

　教育改革国民会議は，わが国の21世紀の教育改革の方向を示す報告を，20世紀末の2000年12月に行った。その主な内容については第2節で述べるが，当面，各学校においての課題は，チームとして学校運営への対応やアクティブ・ラーニングの視点を踏まえた学習指導要領への対応である。

　2017年現在，働く人々の過労死が社会問題化しており，学校における教員の働き方についても，その検討が中央教育審議会で始まっている。そのためには，教員の長時間勤務の実態等の改善に向けて，教員という仕事の特性も考慮しつつその解決をめざし，働き方改革の理念を共有し，学校現場で直ちに取り組む必要がある。

　学校教育の改善・充実に努めていくには，教員が授業や授業準備等に集中し，健康でいきいきとやりがいをもって勤務でき，教育の質が高められる環境を構築する必要がある。

　以下に中央教育審議会から出された学校における働き方改革に係る緊急提言を示す。

1．校長及び教育委員会は学校において「勤務時間」を意識した働き方を進めること

2．すべての教育関係者が学校・教職員の業務改善の取り組みを強く推進していくこと

3．国として持続可能な勤務環境整備のための支援を充実させること

　つまり，「学校における働き方改革」を進めるにあたっては，教職員一人一人の問題にとどめることなく，国や地方公共団体，更には家庭，地域等を含めた関係者がそれぞれの課題意識に基づいて，学校種による勤務態様の違いや毎日児童・生徒と向き合う教員という仕事の特性も考慮しつつ，その解決に向けて働き方改革のめざす理念を共有しながら，取り組みを直ちに実行しなければならない。また，政府は保育・幼児教育及び高等教育の無償化に向けた取り組みを始めている。

■ 1. 最近の教育に関係する動向 ■

　教育の変革を探るには，最近の教育に関する動向を理解する必要がある。「**総合学科**」が1994年度（平成 6 年度）から発足し2017年現在全国で339校設置され，全定の**単位制高等学校**が1996年度（平成 8 年度）からスタートし2017年現在で全国738校導入されている。

　更に子供や保護者の学校の選択幅を広げる取り組みも品川区で始まり，他地域に広がりつつある。

　また，学校の複線化を進める観点から，1999年（平成11年） 4 月から中高一貫の中等教育学校が実施され，2002年度までに全国で 7 校が発足し，2017年現在全国で53校が導入している。義務教育学校は，2017年現在全国で48校である。

❶ 教育行政の地方分権化

　1998年（平成10年） 9 月に今後の地方教育行政の在り方について中央教育審議会から答申があり，教育の地方分権は，各地域や各学校が特色ある教育を展開するために不可欠との観点に立ち，教育委員会の在り方や学校の自主性，自律性の確立等の指摘があった。

　各学校の特色を出すには，各学校の意識改革と同時に，国や教育委員会の上意下達という，従来からの手法の改革が必要となっている。

　そこで，「地方分権の推進を図るための関係法律の整備等に関する法律」が2000年 4 月から施行され，都道府県の教育委員会の教育長は，文部科学大臣の承認が必要なくなり，また市町村の教育委員会の教育長は都道府県の教育委員会の承認が必要なくなり，各自治体の主体性が確立された。

　また，教育委員は 5 名と規定されているが， 6 名にすることが認められた。

　また，通学区域は，各都道府県の教育委員会が定めていたが，今後は設置者である市町村教育委員会が都道府県教育委員会と協議し自ら決定することができるようになり，2001年 4 月からの施行により通学

194　　第10章　今世紀の教育変革の視点

区域の自由化が進んでいる。

　また，自由化が進むと，各学校とも隣の学校との違いをはっきりさせ，保護者から苦情等があった場合は，学校としてきちんと説明し納得してもらう努力をする説明責任がある。

　また，教育委員会は，法令違反でない場合は，細かいことは言わない寛容な姿勢で各学校を見守る姿勢がこれから求められよう。

❷ 教員養成に関する教育職員養成審議会答申（1997年７月）

　1996年（平成８年）７月に，児童・生徒の問題行動などの対処など，学校教育の課題に対応する教員の新たな資質能力が求められていることから，新たな時代に向けた教員養成の改善方策について検討がなされ，1997年（平成９年）７月に，使命感，得意分野，個性をもち，学校現場の課題に適切に対応できる力量のある教員を養成する観点から，教職科目を重視し，かつ得意分野づくりのできる教員養成が答申された。

　また同年12月には，養護教諭が保健の授業を担当できることも決められた。

　この答申を受けて，教員免許法は1998年（平成10年）７月に改正施行され，小・中学校教員免許には看護等体験が義務付けられ，教育実習も４週間と改正された。

　教職科目の充実では，「教職論」や「教職総合演習」などの教職科目が新設された。更に，各教科の教科教育法も修得単位数の最低が２単位から４単位に増加することになった。

　教員の資質の向上には，教員の養成の内容変更だけでは対応できず，初任者研修の充実はもちろん，経験者研修の改善充実が求められることも指摘された。

　そのためには，教員研修の形態も，「やらされる研修」から，「主体的にやる研修」へ変更する必要があると提言している。

　つまり，すべての教員に同じ研修をするのではなく，国，県，区市町村などの役割分担を明確にして，教員のニーズに応える中身とし，「主体的にやる研修」や「受けたい研修」の内容とする必要がある。

1．最近の教育に関係する動向　　**195**

そのような研修内容にするには，自分たちでテーマを考えさせ，追求させることがよい。研修プログラムを組み立てるところから取り組ませ，参加者の主体的な学習の取り組みに高めたり，更に発展させて，生徒にも参加させる研修を企画し，研修をとおして生徒を観察し理解したり，教材作成に役立つ研修となる。

　このような研修の受講により，生徒の思いを感じ取って，テーマや研修を組み立てることも大切であり，課題研究や総合的な学習の時間などの指導に役立つことが期待される。

　また，管理職研修については，問題解決型の研修内容が必要であり，危機管理などのテーマは取り付きやすいし，だれでも関心事であり，導入して活用できる。

　教員養成審議会は，第一次答申で教育実習期間の延長を提言したが，第二次答申では，教員のレベルアップのため，大学院での現職研修の改善を提言しており，それを受けて，国は教育公務員特例法を2000年4月に改正し，研修休業制度が2001年度から施行された。

　さらに2009年度（平成21年度）から免許更新制度が実施され，10年毎に大学等で30時間の講習が義務付けられた。（p.121参照）

❸ 民間からの教育改革への提言（1999年7月）

　1999年7月に財団法人社会経済生産性本部から提言が出されている。

　その提言では，教育をはぐくむ哲学と価値の創造を決め手として，国際社会に生きる個人の意識，能力，倫理を育てる必要性が強調され，そのためには総合的で，長期的な視点に立っての改革を求めている。

　具体的には，子供に可能性を与え，多様なニーズを満たし，学校を開き，個人の尊厳を守るためには，社会性，知と技能，表現力の育成が欠かせないと指摘した。

　また，学校の機能を回復させるには，教員，子供，地域の連帯や信頼が欠如しているとの視点に立ち，その解消を図ることを求めている。

　　■主な内容
＊　家庭が自由に学校を選べるようにする。

＊ 学校経営権を校長に与える。

＊ 教職員の給与は実力により査定する。

＊ 地域の有識者や保護者で構成する学校理事会を設置し校長の選任などをする。

■教育内容の改革としては，

＊ 学習指導要領を廃止し，一人一人に個別カリキュラムを用意する。

＊ 評価は相対評価はやめ，絶対評価とする。

＊ 基礎科目は，午前中として，午後は学校を地域に開放する。

＊ 高等学校入試は廃止。書類選考とする。

＊ 高等学校卒業に相当する学力認定のため，高等学校学力検定試験を行う。

＊ 大学改革としては，入学試験と定員を廃止し，成績が基準に満たない学生は，留年，中退させる。

＊ 文部科学省は，教育を直接管理せず，評価基準の作成や間接的な支援にとどめる。

＊ 家庭は，子供の教育の最終的な責任者であることを認識させ，家庭に学校を選択させそれをチェックすることで，学校経営と教育内容に責任をもたせる。

　提言の中には，直ぐには実行できないことも含まれているが，大筋で変革の方向を示している。

❹ 新しい変革の方向を見出す視点

　ここでは，学校改革について，３つの視点を取り上げて述べる。

(1) 学校の万能主義を捨てる

　どこの学校の教職員でも，開かれた学校づくりの大切さは，頭では理解しているが，実際の学校運営の検討事項が，組織の見直しや教育課程の変更となると，消極的になるのが現実である。

　その基本には，古くは学校教育に携わる教員の社会的地位が高く，良い意味から学校自身のことは自校で対応していくという責任感や使命感が社会的な認知を受けていたよき時代の「学校の権威」を，いまだに捨てきれないでいるところがある。

1.　最近の教育に関係する動向　197

しかし，現在では国民の教育水準が上がり，大学卒業はあたり前となり，相対的に教員の社会的地位は下がり，保護者の権利意識の高まりとともに，生涯学習社会の時代を迎え，学校教育に対する期待は必然的に低下してきたといわざるを得ない。

　そこで，子供たちの育成は社会全体としての仕事ととらえて，学校と家庭と地域社会が責任を分担し，かつ協力して，それぞれの役割やその機能を十分発揮するように対応する必要がある。

　つまり，21世紀の学校は，その「復権」ではなく新しい学校として生まれ変わることが求められており，そのためには地域の伝統や誇りを含んだ教育力や教育に熱意ある人々の協力が必要になっている。

　そのためには，教員自身も地域に出て学ぶ必要があり，地域に出ればそこは教材の宝庫であることが分かる。

　そして，学校週5日制を考えると，学校ばかりが体験学習をする場ではなく，社会教育の場など地域の仕組みを学校教育に活用する姿勢が大いに求められる。

　過去，臨時教育審議会において「教育の自由化論」として，親に学校選択の自由を認める議論はあったが，採用されず通学区域の弾力化の提言にとどまり，現在に至っている。

　行政改革委員会の規制緩和小委員会の議論では，公立の小・中学校の親に学校選択の自由を認めるべきとの声は強かったが，最終的には，「修学すべき公立小・中学校の指定や変更にあたっては，市町村教育委員会が地域の実情に即し，保護者の意向に十分配慮した多様な工夫を行うよう学校選択の弾力化の趣旨の徹底をはかる」にとどまった。

　この**学校選択の自由化**の施策は，先進国である国々の流れであり，アメリカもチャータースクールの拡大とともに選択を認める方向が拡大している。また，イギリス，スウェーデン，オランダ，オーストラリアなどでも，その導入が進んでいる。

　日本では，完全な自由化ではないが，通学区域を拡大する方向で進んでおり，東京都の例でいえば，品川区が先行して実施しており，他の区市町村でもその取り組みの動きが始まっている。

　国が「生きる力」の育成を方針に学習指導要領を改訂し，2002年度か

らの学校週5日制に対応し，かつ「総合的な学習の時間」を創設し改革
を推進しているが，個々の学校の対応には差異があり，かついろいろ
な問題を抱えている学校もある。

　しかし，各学校が自己責任の原則に立って，自分の学校の児童・生
徒を，どのような目標で，どんな教材により，どんな指導法で指導す
るかを自主的に決めて，自立的に教育活動をしなければならない時代
になっている。

　そのための条件整備として，「各学校の裁量権を拡大する，校長に
民間人を登用する，教員の研修制度の充実，学校運営組織の見直し，
学校の**説明責任（アカウンタビリティー）**[accountability]」等が求めら
れている。

(2) 学校経営を校長のもと，全教職員のものとする取り組み

　学校経営というと，校長や教頭だけがやっていればよいと考えがち
であるが，教科担任は教科経営の仕事を，学級担任は学級経営の仕事
をしており，教科や学級という単位において学校経営をしているとい
う視点をもつことが大切である。

　ところが「自分は教科のために教員をしている」とか，「校長の権限
を認めようとしない」とか一部にそのような主張をする教員がいるの
も事実である。

　学校経営を全職員のものとするためには，学校は校長を中心とした，
一つの組織体であるとの認識を各教員に身に付けさせる必要がある。

　その方策の一つが，中教審答申にある学校評議員制度[school
councilor system]を機能させることである。学校評議員制度は，各都
道府県によりその呼び名は異なっているが，各都道府県とも，学校の
運営に保護者や地域の教育力を活用し，学校教育の活性化をめざそう
としている。

　この制度の本来の目的が定着するためには，教員側の意識改革が必
要であるとともに，地域や家庭も学校教育に関心をもち，当事者とし
ての意識を高める必要がある。

　また一方，教員が外からの情報を取り入れようとしない学校の閉鎖
性も問題である。現状のままでは，評議員制度は形ばかりで，学校と

地域の代表が集まって話し合いがもたれても，その話し合いの結果が，直ぐに学校教育の中に浸透していくとは，残念ながら期待できそうもない。

評議員制度を有効に機能させるには，学校の中の教員の姿勢や仕組みを再構築していかないと評議員の意見・提案と学校の教育活動が分断されて，生かせるまでに至らないという心配がある。

特に教員は一国一城の主の意識が強く，お互いを尊重し合うという風土の中で，互いに切磋琢磨することが少なかった。

教科や専門を越えて，自分が考えていることが，他人から見ると異なって見えるように，教員の視点の転換，つまり，個人のことと教員同士の関わり方の質を変換することが伴わないと，評議員設置の趣旨とその本来の機能が学校全体のものとして改革に結び付かないと考える。

改善の方策としては，教員が心を開き，まずお互いの授業公開や研究協議の機会をできるだけ多くつくることも，一つの打開の道になる。

都立高等学校では，学校連絡運営協議会が2001年度から全校に設置されたが，各道府県でも，すべての学校に一日も早く学校評議員が設置されることを期待する。

(3) 学校文化づくり

生徒は，すべて個性的な存在である。生徒の個性や特性は，生徒の存在する地域や学校，家庭と深く関わり育まれていく。

教育改革の出発点が，目の前の一人一人の生徒の個性や可能性への対応が十分でなかったことを受け，各学校も必然的に学校の特色や地域の特質を取り入れることが必要になってきている。

そこで，各学校が創意工夫するためには，学校としての自主性と自律性が必要であり，校長のリーダーシップが期待される。

そのために，規制緩和と地方分権の方向が示され，「教育課程の弾力化と学校裁量の拡大」「経営責任を担う校長の裁量権の拡大」「学校評議員制度や学校選択の弾力化」「校風とか伝統といった学校文化の創造」等の実現に期待したい。

特色ある教育活動を展開するには，伝統にはぐくまれた独自の学校

文化の創造が求められる。

　学校文化は，その学校にみられる行動様式の体系で，生徒や教職員に共有された考え方，感じ方，行動の様式などを共通理解し，意識化することにより特色づくりができ，生徒の人格形成に役立つのである。

　この意味での学校文化が発信され，家庭や地域に拡大し共有されれば，地域の文化や伝統として根付く可能性が生まれる。

　こうして，学校，家庭，地域が一つの有機的な共同体として確立することを期待したい。

2.　今世紀の教育展望

　教育改革国民会議は，21世紀の日本の教育のあるべき姿をもとめて，内閣総理大臣の諮問機関として2000年（平成12年）3月につくられ，同年12月22日その最終報告が出された。

　その内容は，学校制度や教育環境について，「人間性豊かな日本人を育成する」「一人一人の才能を伸ばし，創造性に富む人間を育成する」「新しい時代に新しい学校づくりを」「教育振興基本計画と教育基本法」の柱を立て，大別して17の提案としてまとめられ，速やかにその実施のための取り組みがなされる必要性があると提言している。

　その後，2015年（平成27年）12月に中央教育審議会は，一億総活躍社会の実現と地方創生の推進のために「新しい時代の教育や地方創生の実現に向けた学校と地域の連携・協働の在り方について」答申した。

　そこで，教育改革国民会議の17の提案概要の後に，改正された教育基本法と教育振興基本計画の要点及び文部科学省が出した「『次世代の学校・地域』創生プラン」について提示する。

教育改革国民会議17の提案

（1）人間性豊かな日本人を育成する

1）　教育の原点は家庭であることを自覚する

2）　学校は道徳を教えることをためらわない

3）　奉仕活動を全員が行うようにする

4) 問題を起こす子供への教育をあいまいにしない

5) 有害情報等から子供を守る

(2) 一人一人の才能を伸ばし，創造性に富む人間を育成する

6) 一律主義を改め，個性を伸ばす教育システムを導入する

7) 記憶力偏重を改め，大学入試を多様化する

8) リーダー養成のため，大学・大学院の教育・研究機能を強化する

9) 大学にふさわしい学習を促すシステムを導入する

10) 職業観，勤労観をはぐくむ教育を推進する

(3) 新しい時代に新しい学校づくりを

11) 教師の意欲や努力が報われ評価される体制をつくる

12) 地域の信頼に応える学校づくりを進める

13) 学校や教育委員会に組織マネジメントの発想を取り入れる

14) 授業を子供の立場に立った，わかりやすく効果的なものにする

15) 新しいタイプの学校（"コミュニティ・スクール"等）の設置を促進する

(4) 教育振興基本計画と教育基本法

16) 教育施策の総合的推進のため教育振興基本計画を策定する

17) 新しい時代にふさわしい教育基本法とする

❶ 教育改革の方向

　今日の教育荒廃の原因は究極的には社会全体にあるが，「社会全体が悪い，国民の意識を変えろ」というだけでは，責任の所在があいまいになり，結局，誰も何もしないという無責任状態になってしまう。

　そこで，教育改革国民会議では，今後の教育を改革し改善するために，誰が何をなすべきかを具体的に示した改革案が提示された。

　一つは，基本に立ち返るということである。

　教育において，社会性や人間性が重要であることはいうまでもない。伝統や文化の認識や家庭教育の必要性の強調は決して，国家主義の復活を意図するものではなく，グローバル化の進展の中で日本人として

のアイデンティティー[identity]をもって人類に貢献することができる人間を育成するという観点から，基本的な事項であると考える。

　近年でも，臨教審をはじめ改革案は幾度も出され，改革への努力が行われてきた。しかし，実際の教育の場でそれが実現されるスピードが遅い，改革がなかなか進まないという不満が広く存在する。

　改革，改革と言っても，結局何も変わらないのでは，国民が感じている不満，閉塞感が深まるばかりである。

　今求められているのは，何よりも実行である。それぞれの立場で，できることは直ちに実行し，やる気のある者はどんどん活躍できるようにしていくことが重要である。私たちは，失敗を恐れず，必要な改革を勇気をもって実行しなくてはならない。また，実行の結果を見守り，評価し，更なる改革につなげなければならない。

❷ 人間性豊かな日本人を育成する

(1) 教育の原点は家庭であることを自覚する

　教育という川の流れの，最初の水源の清冽（せいれつ）な一滴となり得るのは，家庭教育である。子供のしつけは親の責任と楽しみでもあり，小学校入学までの幼児期に，必要な生活の基礎訓練を終えて社会に出すのが家庭の任務である。家庭は厳しいしつけの場であり，同時に，会話と笑いのある「心の庭」である。

　あらゆる教育は「模倣」から始まる。親の言動を子供は善悪の区別なく無意識的に模倣することを忘れてはならない。

　親が人生最初の教師であることを自覚すべきである。

(2) 学校は道徳を教えることをためらわない

　学校は，子供の社会的自立を促す場であり，社会性の育成を重視し，自由と規律のバランスの回復を図ることが重要である。

　また，善悪をわきまえる感覚が，常に知育に優先して存在することを忘れてはならない。

　人間は先人から学びつつ，自らの多様な体験からも学ぶことが必要である。少子化，核家族時代における自我形成，社会性の育成のために，体験活動を通じた教育が必要である。

2. 今世紀の教育展望　　203

(3) 奉仕活動を全員が行うようにする

今までの教育は，要求することに主力を置いたものであった。

しかしこれからは，与えられ，与えることの双方が，個人と社会の中で温かい潮流をつくることが望まれる。個人の自立と発見は，自然に自分の周囲にいる他者への献身や奉仕を可能にし，更にはまだ会ったことのないもっと大勢の人の幸福を願う公的な視野にまで広がる方向性をもつ。思いやりの心を育てるためにも奉仕学習を進めることが必要である。

(4) 問題を起こす子供への教育をあいまいにしない

1人の子供のために，他の子供たちの多くが学校生活に危機を感じたり，厳しい嫌悪感を抱いたりすることのないようにする。

不登校や引きこもりなどの子供に配慮することはもちろん，問題を起こす子供への対応をあいまいにしない。

その一方で，問題児とされている子供の中には，特別な才能や繊細な感受性をもった子供がいる可能性があることにも十分配慮する。

(5) 有害情報等から子供を守る

IT社会の進展に伴って，子供たちが大量の情報にさらされるようになった。そのことは，学習の機会を提供する一方で，弊害ももたらす。「言論の自由」と同時に「子供を健やかにはぐくむこと」の大切さは，あらゆる情報産業関係者に自覚されるべきである。ポルノや暴力，いやがらせや犯罪行為を意図的に助長する情報や，子供の教育に有害な営利活動から子供たちを守る仕組みが必要である。

❸ 創造性に富む人間を育成

(1) 一律主義を改め，個性を伸ばす教育システムを導入する

一人一人の資質や才能を生かすためには，これまでの一律的な教育を改める必要がある。基礎的な知識を確実に身に付けさせるとともに，それぞれがもって生まれた才能を発見し伸ばし，考える力を養う学習を可能にすべきである。

(2) 記憶力偏重を改め，大学入試を多様化する

小学生は生き生きしているにもかかわらず，中学校，高等学校，大

204　第10章　今世紀の教育変革の視点

学と進むにつれて日本の子供はくすんでくるという指摘がある。

その背景には，中学時代から大学受験を意識しすぎて，少数の受験科目，しかも記憶力中心の勉強しかしないこともあろう。大学入試は，記憶力のみを測る一面的なものであってはならない。

(3) リーダー養成のため，大学・大学院の教育・研究機能を強化する

わが国には，政治，経済，環境，科学技術，その他新しい分野で世界をリードし，社会の発展に寄与していく高い志と識見をもったリーダーが必要である。また，博士号や修士号などを有する専門家が活躍する諸外国と伍していくためには，今以上に高い専門性と教養をもった人間の育成が求められている。そのため，大学・大学院の構成と役割を改革すべきである。

(4) 大学にふさわしい学習を促すシステムを導入する

大学へ入学したにもかかわらず学習に取り組む姿勢がない者がみられる。大学も勉強をしていない学生を安易に卒業させているという批判が以前からなされているが，改善されていない。

学生にしっかりと勉強させるような取り組みが必要である。

(5) 職業観，勤労観をはぐくむ教育を推進する

定職に就かない者や就職してもすぐに辞めてしまう者が増加している。これは人材の流動化の現れともみられる一方で，若年層における職業観，勤労観の希薄化とも考えられる。また近年，仕事に対する職業人としての責任感，使命感の欠如も指摘されている。職業観，勤労観をはぐくむ教育を推進する必要がある。

❹ 新しい時代に新しい学校づくりを

(1) 教師の意欲や努力が報われ評価される体制をつくる

学校教育で最も重要なのは一人一人の教師である。個々の教師の意欲や努力を認め，良い点を伸ばし，効果が上がるように，教師の評価をその待遇などに反映させる。

(2) 地域の信頼に応える学校づくりを進める

学校，特に公立学校は，努力しなくてもそのままになりがちで，内

からの改革がしにくい。

　地域で育つ，地域を育てる学校づくりを進める。単一の価値や評価基準による序列社会ではなく，多様な価値が可能な，自発性を互いに支え合う社会と学校をめざすべきである。

(3) 学校や教育委員会に組織マネジメントの発想を取り入れる

　学校運営を改善するためには，現行体制のまま校長の権限を強くしても大きな効果は期待できない。

　学校に組織マネジメントの発想を導入し，校長が独自性とリーダーシップを発揮できるようにする。組織マネジメントの発想が必要なのは，学校だけでなく，教育行政機関も同様である。行政全体として，情報を開示し，組織マネジメントの発想をもつべきである。

　また，教育行政機関は，多様化した社会が求める学校の実現に向けた適切な支援を提供する体制をとらなくてはならない。

(4) 授業を子供の立場に立った，わかりやすく効果的なものにする

　教育を提供する立場ではなく，教育を受ける側の立場に立った，学級編制，授業方法，地域との連携を促進することが重要である。

(5) 新しいタイプの学校（"コミュニティ・スクール" [community school]等）の設置を促進する

　新しいタイプの学校の設置を可能とし，多様な教育機会を提供する新しい試みを促進し，起業家精神をもった人を学校教育に引き込むことにより，日本の教育界を活性化する必要がある。

❺ 教育振興基本計画の策定

　教育改革を着実に実行するには，教育改革に関する基本的な方向を明らかにするとともに，教育施策の総合的かつ計画的な推進を図るため，科学技術基本計画や男女共同参画基本計画のように，教育振興基本計画を策定する必要がある。

　基本計画では，教育改革の推進に関する方針などの基本的方向を示すとともに，具体的な項目を挙げ，それぞれにつき，整備・改善の目標や具体的な実施方策についての計画を策定する。

　過去の教育改革においても，「教育は社会の基盤」「最も基本的社会

資本である教育研究に積極的に投資すべき」と幾度となく言われてきた。

　少子化が急激に進展し，21世紀は知識社会といわれる中，教育への投資を国家戦略として真剣に考えなければならない。教育への投資を惜しんでは，改革は実行できない。教育改革を実行するための財政支出の充実が必要であり，目標となる指標の設定も考えるべきである。

　この場合，重要なことは，旧態依然とした組織や効果の上がっていない施策をそのまま放置して，貴重な税金をつぎ込むべきではないということである。

　計画の作成段階及び実施後に厳格な評価を実施し，評価に基づき削るべきは削り，改革に積極的なところへより多くの財政支援が行われるようにする。更に，納税者に対して，教育改革のために税金がどのように使われ，どのように成果が上がっているのかについて，積極的に情報を公開するようにする。

❻ 新しい時代の教育基本法

　日本の教育は，戦後60年以上にわたって旧教育基本法のもとで進められてきた。

　この間，教育は著しく普及し，教育水準は向上し，わが国の社会・経済の発展に貢献してきた。

　しかしながら，教育基本法制定時と社会状況は大きく変化し，教育の在り方そのものが問われていることも事実である。

　これからの時代の教育を考えるにあたっては，個人の尊厳や真理と平和の希求など人類普遍の原理を大切にするとともに，情報技術，生命科学などの科学技術やグローバル化が一層進展する新しい時代を生きる日本人をいかに育成するかを考える必要がある。そして，そのような状況の中で，日本人としての自覚，アイデンティティーをもちつつ人類に貢献するということからも，わが国の伝統，文化など次代の日本人に継承すべきものを尊重し，発展させていく必要がある。

　そして，その双方の視野から教育システムを改革するとともに，基本となるべき教育基本法を考えていくことが必要である。このような

2. 今世紀の教育展望 **207**

立場から，新しい時代にふさわしい教育基本法には，次の３つの観点が求められるであろう。

（1）第1は，新しい時代を生きる日本人の育成である。この観点からは，科学技術の進展とそれに伴う新しい生命倫理観，グローバル化の中での共生の必要性，環境の問題や地球規模での資源制約の顕在化，少子高齢化社会や男女共同参画社会，生涯学習社会の到来など時代の変化を考慮する必要がある。

また，それとともに新しい時代における学校教育の役割，家庭教育の重要性，学校，家庭，地域社会の連携の明確化を考慮することが必要である。

（2）第2は，伝統，文化など次代に継承すべきものを尊重し，発展させていくことである。この観点からは，自然，伝統，文化の尊重，そして家庭，郷土，国家などの視点が必要である。宗教教育に関しては，宗教を人間の実存的な深みに関わるものとしてとらえ，宗教が長い年月を通じて蓄積してきた人間理解，人格陶冶の方策について，もっと教育の中で考え，宗教的な情操をはぐくむという視点から議論する必要がある。

（3）第3は，これからの時代にふさわしい教育を実現するために，教育基本法の内容に理念的事項だけでなく，具体的方策を規定することである。この観点からは，教育に対する行財政措置を飛躍的に改善するため，他の多くの基本法と同様，教育振興基本計画策定に関する規程を設けることが必要である。

❼ 教育基本法の改正

教育基本法は，制定後60年ぶりに改正され，教育の根本的な理念や原則について見直され，2008年12月に施行された。

教育の目的（第1条）では，「人格の完成」「国家・社会の形成者として心身ともに健康な国民の育成」などが規定された。教育の目標（第2条）では，「豊かな情操と道徳心」「自律の精神」「職業・生活との関連の重視」「公共の精神」「生命や自然の尊重」「伝統と文化の尊重」「それらをはぐくんできた我が国と郷土を愛する」などが規定され，知・徳・体

208　第10章　今世紀の教育変革の視点

の調和がとれ，生涯にわたって自己実現をめざす自立した人間の育成が期待されている。また，公共の精神を尊び，国家・社会の形成に主体的に参画する国民の育成，我が国の伝統と文化を基盤として国際社会を生きる日本人の育成が期待されている。また，公共の精神を尊び，国家・社会の形成に主体的に参画する国民の育成，わが国の伝統と文化を基盤として国際社会を生きる日本人の育成が期待されている。

　また，新たに生涯学習社会の実現（第3条）が規定され，社会が複雑化し，激しく変化している中で，一人一人が充実した人生を送ることができるよう，生涯にわたって学習することができる社会の実現を求めている。また，教育振興基本計画（第17条）が規定され，教育基本法の理念を具体的に実現していくために，今後どのような教育施策を行い，それをいつまでに達成するのか，といった総合的・体系的な計画を策定し，これを国民にわかりやすく示すことを政府に求めている。

3.　わが国の「次世代の学校・地域」創生プラン　～学校と地域の一体改革による地域創生～

　文部科学省は，2016年（平成28年）から一億総活躍社会の実現と地方創生の推進のため，学校と地域が一体となって地域創生に取り組む施策を推進している。この基本方針は，2015年に中央教育審議会が取りまとめた3つの答申である「新しい時代の教育や地方創生の実現に向けた学校と地域の連携・協働の在り方と今後の推進方策について」，「チームとしての学校の在り方と今後の改善方策について」，「これからの学校教育を担う教員の資質能力の向上について～学び合い，高め合う教員育成コミュニティの構築に向けて～」のそれぞれの内容を具体化し強力に推進するべく，「次世代の学校・地域」創生プランを策定した。

　この施策は，2016年度からおおむね5年間を対象として，取り組むべき具体的な取組施策と行程表が示されている。

❶ 趣　　旨

　わが国は，高齢者人口の増加と生産年齢人口の急激な減少や，グローバル化の進展に伴う激しい国際環境の変化の中にあって，学校の抱える課題の複雑化・多様化，地域社会のつながり・支え合いの希薄化，家庭の孤立化などの様々な課題に直面している。

　文部科学省は，一億総活躍社会の実現と地方創生の推進には，学校と地域が相互に関わり合い，学校を核として地域社会が活性化していくことが必要不可欠であるとの考えのもと，上記3答申の内容を実現するため，学校・地域それぞれの視点に立ち，「次世代の学校・地域」両者一体となった体系的な取り組みをめざしている。

　その際，学校にかかる観点からは，「社会に開かれた教育課程」の実現や学校の指導体制の質・量両面での充実，「地域とともにある学校」への転換という方向を，地域にかかわる観点からは，次代の郷土をつくる人材の育成，学校を核とした街づくり，地域で家庭を支援し子育てできる環境づくり，学び合いを通じた社会的な一体感という方向をめざした取り組みが求められる。

❷ 次世代の学校創生

(1) 地域と学校の連携・協働の推進に向けた改革

　地域の人々と目標やビジョンを共有し，地域と一体となって子供たちをはぐくむ「地域とともにある学校」への転換を図るため，すべての公立学校がコミュニティ・スクールとなることをめざして取り組みを一層推進・加速し，学校と地域との組織的・継続的な連携・協働体制を確立する。

1)　コミュニティ・スクールを推進・加速するための制度的位置付けを見直す

　「地域とともにある学校」に転換していくための持続的な仕組みとしてのコミュニティ・スクールが推進・加速していくよう，学校を応援する役割の明確化や教職員の任用に関する意見の柔軟化を図るとともに，教育委員会が積極的に学校運営協議会の設置に努めていく仕組みとするなど，学校と地域の連携・協働が促進されるための制度の見直

210　　第10章　今世紀の教育変革の視点

しを図る。

2) コミュニティ・スクールを推進・加速する総合的な方策の実施

コミュニティ・スクールの導入に伴う学校や自治体の体制面・財政面の負担を軽減するため，コミュニティ・スクール導入をめざす学校の体制強化を含め，コミュニティ・スクール導入等促進事業による支援を強化する。また，コミュニティ・スクール推進員（CSマイスター）の派遣を更に促進する。2016年度より順次実施。

また，学校と地域の連携・協働に関する教職員の養成・研修の充実や，学校において地域との連携・協働の推進の中核を担う地域連携教職員の法令上の明確化等を通じ，「地域とともにある学校」への転換を促進する。

(2) 学校の組織運営改革

複雑化・多様化する学校の課題への対応や，子供たちに必要な資質・能力の育成のための教職員の指導体制の充実に加え，学校において教員が心理や福祉等の専門スタッフと連携・分担する体制の整備や，学校のマネジメント機能の強化により，学校の教育力・組織力を向上させ，学校が多様な人々とつながりを保ちながら学ぶことのできる場となるようにする。

1) 教職員指導体制の充実

学習指導要領の改訂を踏まえ，所要の制度改正を行い，教職員の指導体制の充実を図る。

2) 専門性に基づくチーム体制の構築

教員が，多様な専門性や経験をもった人材と協力して子供に指導できるようにするとともに，スクールカウンセラー（SC）やスクールソーシャルワーカー（SSW）の職務等を省令上明確化し，配置を充実する。

部活動の指導，単独での引率等を行う部活動指導員を省令上明確化し，配置を充実する。

医療的ケアを必要とする児童・生徒の増加に対応するため，看護師や特別支援教育支援員の配置を充実する。

3) 学校のマネジメント機能の強化

校長のリーダーシップを支える組織体制を強化するため，優れた人

材が確保されるよう管理職の処遇の改善や，副校長の配置や教頭の複数配置を実施するほか，「主幹教諭」の配置を充実する。

　学校の事務体制を強化するため，事務職員の職務内容を見直し，法律上明確化するとともに配置を充実する。

　学校における教育活動を充実するため，小規模市町村における指導主事の配置を促進するほか，学校が保護者や地域からの要望等に的確に対応できるよう，弁護士等の専門家が教職員を支援する仕組みの構築を促進する。

(3) 教員制度の養成・採用・研修の一体改革

　各学校の教育環境に即して充実した教育活動ができるよう，「社会に開かれた教育課程」の視点に立って改訂が行われた学習指導要領を着実に実施する環境の整備を行うとともに，大量退職・大量採用を背景とした若手教員への知識・技能の伝承の停滞を克服するため，養成・採用・研修の一体改革を進める。

1) 教員養成改革

　大学の創意工夫により質の高い教職課程を編成することができるよう，「教科に関する科目」と「教職に関する科目」を統合（科目の大くくり化）する。

　教員の養成を通じた全国的な水準の確保のため，大学が教職課程を編成するにあたり参考とする指針（教職課程コアカリキュラム）を作成する。教職課程を置く大学においては，全学的に教職課程を統括する組織の設置や教職課程の評価を推進することにより，教員養成の質の保証・向上を図る。

　採用の際のミスマッチを防止するとともに，新規採用の教員が円滑に教職を開始できるようにするため，モデル事業による「教師塾」方式の普及など，円滑な入職のための取り組みを推進する。

　教職大学院を活用して教員の資質・能力の向上が図れるよう，モデル事業を通じて，履修証明制度の活用等による教職の高度化を促進する。

2)　教員研修改革

　ミドルリーダー不足の解消や免許更新制と10年経験者研修の関係を
整理するため,10年経験者研修の実施時期を弾力化し,ミドルリーダー
を育成する研修への転換を図る。

　教員の大量退職に対応した若手教員育成のため,初任者研修の弾力
的な運用を可能とする初任者研修の運用方針の見直しなどにより,初
任者に限らず,2年目,3年目など経験年数の浅い教員に対する研修
(初期研修)への転換を図るとともに,モデル事業を通じたメンター方
式の導入の促進などにより,若手教員の研修体制を充実する。

3)　キャリアシステムの構築

　教員の育成,資質・能力の向上を保証するシステムの構築のため,
文部科学大臣が教員育成指標の整備のための大綱的指針を提示し,各
地域における教員育成指標や教員研修計画の全国的な整備を図るとと
もに,教育委員会と大学等が相互に議論,調整し,教員の養成等が実
効あるものとするための制度として「教員育成協議会」を創設する。

　研修ネットワークの構築や,養成・採用・研修を通じた教員の資
質・能力の向上に関する調査・分析・研究開発を行う全国的な拠点の
整備を行うため,独立行政法人教員研修センターの機能強化を図る。

❸ 次世代の地域創生

(1)　地域と学校の連携・協働の推進に向けた改革

　地域と学校の連携・協働のもと,幅広い地域住民等(多様な専門人
材,高齢者,若者,PTA・青少年団体,企業・非営利団体等)が参画し,
地域全体で学び合い未来を担う子供たちの成長を支え合う地域をつく
る活動(地域学校協働活動)を全国的に推進し,高齢者,若者等も社会
的に包摂され,活躍できる場をつくるとともに,安心して子育てでき
る環境を整備することにより,次世代の地域創生の基盤をつくる。

1)　地域学校協働活動の推進

　教育委員会において地域学校協働活動を推進するための体制を整備
することや,地域学校協働活動を推進するための人材(統括コーディ
ネーター)の役割等について,法律上明確化する。

従来の学校支援地域本部や放課後子供教室等を基盤に，全小中学校区をカバーする形で，「支援」から「連携・協働」，「個別の活動」から「総合化・ネットワーク化」をめざし，地域学校協働活動を推進するための新たな体制として，「地域学校協働本部」が整備されるよう教育委員会を支援する。

　郷土学習，体験活動，地域行事，学びによる街づくり等の活動に幅広い地域住民等が参画するとともに，こうした活動が学校や社会教育施設など地域の多様な場で行われるよう，地域学校協働活動の推進を支援する。また，放課後子供教室や家庭教育支援等の活動の充実による子育て環境の整備を支援する。

　先進事例の収集・発信を行うとともに，全国フォーラム等の開催を通じて地域学校協働活動及びコミュニティ・スクールの全国的な推進の機運を醸成する。各自治体においては，地域学校協働活動が円滑に実施できるよう，地域学校協働活動の実施に関するガイドライン（参考手引き）を策定する。

　社会教育に中核的な役割を果たす社会教育主事が，地域学校協働活動の推進など重要な社会教育の課題に対応した資質・能力を身に付けられるよう，社会教育主事講習の科目の見直しを行う。

　地域学校協働活動及びコミュニティ・スクールを一体的・効果的に推進するため，文部科学省内に，事務体制として「学校地域連携・協働推進プロジェクトチーム」を設置する。

(2) 地域が学校のパートナーとなるための改革

　地域学校協働本部と学校との連絡調整を担当する人材の配置促進や，地域学校協働活動を推進するための学校開放の促進等を通じて，地域が学校のパートナーとして子供の教育に関わる体制を整備することにより，教員が子供と向き合う時間を確保できるようにするとともに，次代の郷土をつくる人材の育成や持続可能な地域の創生を実現する。

1) 地域コーディネーターの配置促進等

　地域学校協働本部における学校との連絡調整を担う「地域コーディネーター」や，地域コーディネーター間の連絡調整，地域学校協働活動の推進等を担う「統括コーディネーター」の配置を支援する。

学校において地域との連携・協働の推進の中核を担う教職員(「地域連携教職員」)を法令上明確化する。

2) 学校施設の有効利用，管理の工夫による地域への学校開放の促進

幅広い地域住民等の参画により学校を核としたまちづくりを推進するため，学校施設の有効利用，管理の工夫による地域への学校開放を促進する。

(3) 地域と連携・協働する教員の養成・研修等

教員が地域との連携・協働を円滑に行う上で必要となる資質・能力を育成するための養成・研修を行うとともに，地域住民等と児童・生徒等がともに地域の課題に向き合い，課題解決に向けて協働する活動を推進することにより，地域を担う人材を育成する。

1) 地域と連携・協働する教員の養成・研修の充実

教員養成課程や現職教員研修の充実等を通じて，教員が地域との連携・協働を円滑に行う上で必要となる資質や能力を育成する。

教員をめざす学生のインターンシップにおいて，放課後子供教室，土曜学習等への参加を促進する。

2) 地域課題解決型学習の推進

地域課題を解決するアクティブ・ラーニングの視点に立った学習や，多様な経験や技術をもつ地域の人材・企業等の協力による地域学習等の教育活動を推進することにより，地域を担う人材を育成するとともに，学校と地域の連携・協働に関する教員等と地域住民等の相互理解を促進する。

参 考 文 献

初任者教員研修の手引き	東京都教育委員会
東京都教育指導必携　東京都教育庁指導部監修	ぎょうせい
東京都公立高等学校教育課程編成基準	東京都教育委員会
魅力ある教師をめざして	東京都立教育研究所
新しく教師になる皆さんへ	東京都教育庁指導部
東京都教育委員会ホームページ（人事考課制度　学校改革）	
職員ハンドブック　東京都職員研究所編	ぎょうせい
東京都教育例規集　東京都教育庁総務部監修	ぎょうせい
文部科学省ホームページ	文部科学省
中学校・高等学校進路指導手引	文部科学省
教育課程審議会答申　1998年7月	文部科学省
教育改革国民会議報告　2000年12月	首相官邸ウェブサイト
小中学校学習指導要領　1998年12月	文部科学省
高等学校学習指導要領　1999年3月	文部科学省
生徒指導上の諸問題の現状　1999年度	文部科学省
学校基本調査　2000・2017年度	文部科学省
幼稚園，小，中，高等学校・特別支援学校学習指導要領等の改善及び必要な方策等について　2016年12月	文部科学省
小・中学校学習指導要領　2017年3月	文部科学省
「次世代の学校・地域」創生プラン　2016年	文部科学省
チームとしての学校の在り方と今後の改善方策について　2015年12月	中央教育審議会
教職課程認定申請の手引き　2019年度開設用	文部科学省
学校教育辞典　　東，奥田，河野編	教育出版
現代学校教育辞典　奥田，河野監修	ぎょうせい
教職教育の方法　　小林一也著	実教出版
教師ハンドブック　熱海則夫他編著	ぎょうせい
教育法規便覧　　下村哲夫著	学陽書房
教育小六法　2017年版	学陽書房

教職実務ハンドブック　渡辺孝三監修	学陽書房
教育実習の手引き	筑波大学
教職パイオニア	拓殖大学
新工業技術教育法　　池本，山下他編著	パワー社
反転授業　　　　　　山内，大浦監修　オデッセイ・コミュニケーションズ
一人一人を生かす教育評価　原野他著	金子書房
現代用語の基礎知識2000	自由国民社
教育学基礎資料　　新井郁男他著	樹村房
学習指導の心理　　辰野千寿著	大日本図書
学業不振の治療教育　北尾倫彦著	明治図書
職員室の法律学　　下村哲夫著	学習研究社
法律の目で見る学校　下村哲夫著	ぎょうせい
教師生活24時間　私学教育研究所編	日本教育新聞社
教育学全集13　学校と教師	小学館
高等学校学習指導要領　2018年3月	文部科学省

索　　引

[あ]

アカウンタビリティー	199
新しい時代の教育基本法	207
新しい変革の方向	197
ILO	14,21

[い]

生き方や在り方	96
いじめの早期発見	126
いじめ防止	125
一種免許状	151
一般教養の出題内容	154
一般研修	117
異動	109

[え]

エイズ教育	142
営利企業等の従事制限	113

[か]

介護等体験	149
ガイダンス機能	99
各学年	37
各学科	37
各教科の年間指導計画	74
各種委員会	37
各種学校	16
学習意欲を高める指導	77
学習指導案	41,75
学習指導要領	40
学習成果の評価の在り方	181
学制発布	13
学年主任	61

学力と評価	184
学級	65
学級活動の役割	65
学級経営	67
学級事務	72
学級担任の役割	67
学校運営協議会	43
学校管理運営規程	43,44
学校教育と生涯学習	143
学校教育の目的	15
学校教育目標	38
学校数	17
学校設定教科及び科目	169
学校選択の自由化	198
学校の運営組織	35
学校の構成要素	17
学校の種類	15
学校の設置者	16
学校の組織と運営	35
学校の万能主義	197
学校評価基準	41
学校評議員制度	42
学校文化づくり	200
学校文書の取り扱い	100
学校法人	16
観点別学習状況の評価	184
管理運営規則	20
管理職の研修	121

[き]

起案	100

起案文書	101	教員の資質	27
企画調整会議	46	教員の体罰防止	134
休業日の勤務	105	教員への道	145
教育委員会	19	教員免許状の取得	151
教育委員会規則	23	教員養成	195
教育改革国民会議	193	教科指導の改善の視点	77
教育改革国民会議報告	201	教科指導の課題	72
教育課程の実施	41	教科指導のねらい	72
教育課程の編成	39	教材研究	74
教育課程の編成とその手順	39	教職員の任命権者	18
教育関係法規	21	教職教養の出題内容	154
教育基本法	15,207	業績評価	107
教育行政	19	教頭の職務	25
教育計画	41	教頭(副校長)の職務と役割	55
教育公務員	110	教務主任	61
教育公務員特例法	110	教務部	37
教育実習	145	教諭の教育活動	65
教育実習の意義	146	教諭の職務	25
教育実習の心得	147	勤務時間	103
教育職員養成審議会	27	勤務条件	103
教育振興基本計画の策定	206	**[く]**	
教育内容の削減と学力	167	具体的資質能力	28
教育の原点は家庭	201	**[け]**	
教育の総合化	159	慶弔休暇	104
教育目標	35	研究と修養	116
教員採用選考試験	152	研修内容	116
教員採用までの流れ	152	**[こ]**	
教員人事	105	校長の職務	25,50
教員数	17	校長の職務内容	51
教員の給与	109	高等学校教育の現状と課題	177
教員の勤務と服務	103	高等学校の進学率	177
教員の研修	116	校内研修	118

219

公文書	100	出席停止措置	132
公文書開示	101	主任の職務と役割	60
校務	35	主任の任命	63
校務分掌と役割分担	37	生涯学習体系	143
交流教育の推進	181	条件付採用	106
国際労働機構	14	職員会議	47
告　示	23	職員会議の機能	48
国民会議17の提案	201	職業指導	96
個人情報	100	職務研修	119
個人情報保護	101	職務上の義務	111
個人内評価	186	「職務専念義務」免除の研修	119
個性重視の進路指導	97	職務命令	54
個性豊かな教員	29	初任者の研修	120
コミュニティ・スクール	211	私立学校教員採用	157
[し]		信用失墜行為の禁止	112
叱り方	91	信頼される教員	33
自己申告	107	進路指導	96
自主研修	118	進路指導主事（主任）	63
実技試験	156	進路指導の意義	95
実習期間の注意事項	148	進路指導部	37
実習終了後の対応	149	人権を大切にする	34
指定研修	117	人事考課制度	106
指導計画	41	**[せ]**	
指導主事	20	性教育の課題	141
指導要録の開示	192	政治的行為の制限	112
指導要録の取扱い	190	生徒指導主事（主任）	62
指導要録の様式	191	生徒指導部	37
児童憲章	94	生徒数	17
児童・生徒理解	79	生徒数の減少	177
児童の権利に関する条約	22,94	生徒理解と生徒指導	79
事務職員の職務	26	世界人権宣言	22
社会教育	144	説明責任	199

選考の最近の傾向	156
全国的な学力調査	192
専修学校	16
専修免許状	151
全体の奉仕者	111
専門教養の出題内容	154
専門的指導力	32

［そ］

争議行為の禁止	113
総合学科	177,194
総合的な学習の時間	85
――の実践	168
――の授業時数	86
――の配慮事項	85
――の評価	87

［た］

体罰は許されない	92
体罰否定の教育指導	136
単位制高等学校	178

［ち］

地方分権化	194
中央教育審議会第二次答申	162
中央教育審議会答申1996年	160
中央教育審議会答申1998年	163
中堅教員の研修	121
中高一貫6年制学校	175
中等教育学校	16
中途退学者数	129
中途退学者数の推移	130
中途退学の理由	130
中途退学防止の課題	129,131
懲戒	93
懲戒処分	115

［て］

ティーム・ティーチング	42
適応指導教室	129
適性検査	156

［と］

動機づけ	78
道徳教育の内容	80
道徳の指導	79
道徳の指導計画	83
同和教育	123
特別活動	68
特別活動のねらい	98
特別支援学校の目的	180

［に］

二種免許状	151
日本国憲法	14,21
人間関係づくり	90

［ね］

年次有給休暇	104

［の］

望ましい教員像	30

［は］

廃藩置県	13

［ひ］

非営利団体	213
秘密を守る義務	112
評価の基本的な考え方	184
評価の機能	182
開かれた学校	143

［ふ］

不易	27

「不易」な資質能力	27	**[み]**		
副校長の職務	25	身分上の義務	112	
服務規律	110	民間からの教育改革	196	
服務の根本基準	111	**[め]**		
福利厚生	110	面接試験	155	
普通免許状	151	**[も]**		
不登校児童	128	問題行動の防止	132	
分限処分	114	文部科学省	19	
[へ]		**[や]**		
併設型の中学校・高等学校	176	薬物乱用防止	138	
[ほ]		**[ゆ]**		
ホームルーム	65	有害情報	204	
奉仕活動	204	ユネスコ	14, 22	
奉仕的行事	99	**[り]**		
保健主事（主任）	62	流行	27	
保健部	37	**[れ]**		
補助機関	48	連携型の中学校・高等学校	176	
ボランティア活動	84	**[ろ]**		
		論作文	155	

教職必修　新教職論　三訂版

2001年 3 月26日　第 1 刷発行
2009年 6 月26日　改訂第 1 刷発行
2018年 9 月15日　三訂第 1 刷発行

編著者　教 職 課 程 研 究 会

発行者　戸 　塚 　雄 　弐

印　刷
製　本　壮光舎印刷株式会社

発行所　実 教 出 版 株 式 会 社
〒102-8377 東京都千代田区五番町 5
　　　電話〈営　　業〉（03）3238-7765
　　　　　〈企画開発〉（03）3238-7751
　　　　　〈総　　務〉（03）3238-7700
　　　http://www.jikkyo.co.jp/

2018

ISBN 978-4-407-34777-7　　C3037